13 JOURS, 13 NUITS

Commandant
Mohamed Bida

13 JOURS,
13 NUITS

Dans l'enfer de Kaboul

Denoël

ISBN 979-10-414-1226-6

« Chaque génération, sans doute, se croit vouée à refaire le monde. La mienne sait pourtant qu'elle ne le refera pas. Mais sa tâche est peut-être plus grande. Elle consiste à empêcher que le monde se défasse. »

Albert Camus, *Discours de Suède*

Le dimanche 15 août 2021, les talibans entrent dans Kaboul et s'emparent du palais présidentiel déserté par ses dirigeants, sous le regard médusé d'un peuple résigné, fatigué par quarante années de guerre et de luttes intestines. C'est la fin de l'espoir pour des millions d'Afghans bercés d'illusions et de mensonges, et qui devront maintenant affronter les fantômes du passé. La chute de Kaboul, pourtant annoncée, plongera le monde dans la stupeur et la population dans l'effroi, un chaos d'hystérie collective, une tragédie aux allures d'apocalypse. Au milieu de ce drame humain, je contemple l'Histoire qui s'écrit sous mes yeux sans imaginer que cette détresse fera ressurgir les réminiscences de ma propre histoire.

C'est au bord d'un canal à Kaboul, le canal de la mort, où des centaines de vies s'éteindront dans le fracas des explosions et de la mitraille, que s'achèvera le dernier chapitre de mes quarante années de carrière, marquées par le sceau du destin. J'avance sur un chemin semé d'embûches, de chausse-trapes, dans un monde en clair-obscur. Je suis là où l'on ne m'attend pas, dans des univers aussi troubles que différents, à observer intensément la vie des autres, des histoires de flics, de voyous, de politiques, d'agents secrets, de diplomates, de mercenaires, autant de personnages que de récits qui jalonnent mon passé.

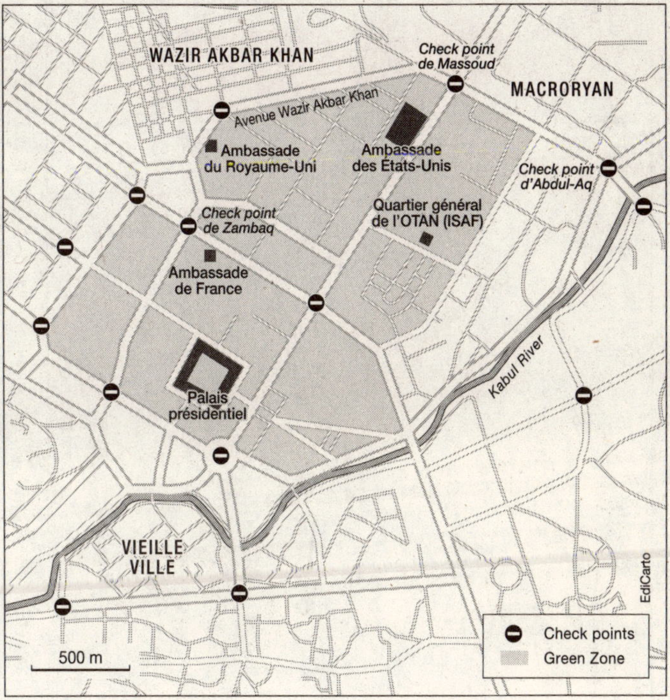

1. La Green Zone de Kaboul

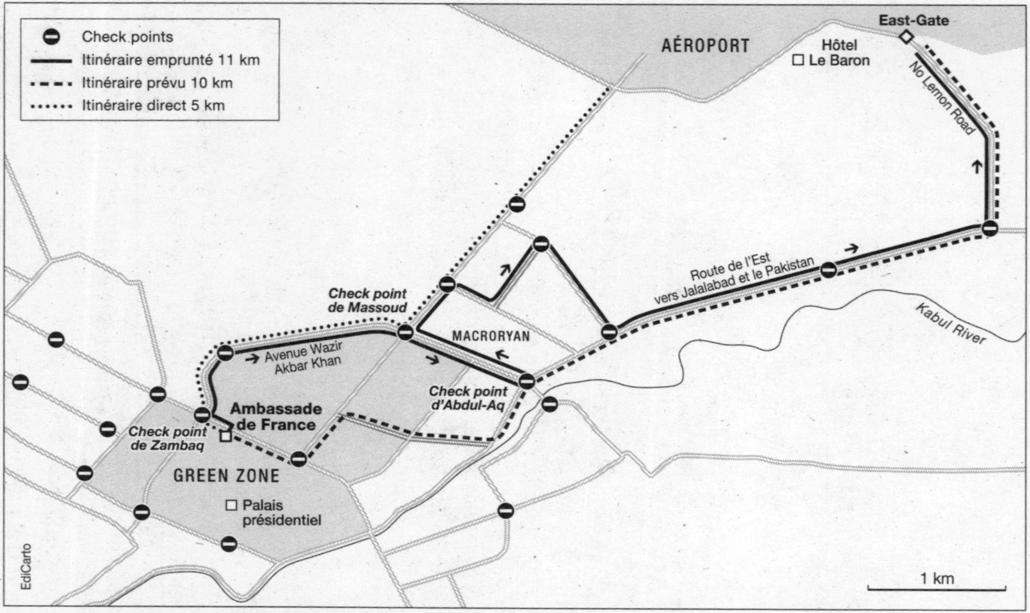

2. *Trajet entre l'ambassade de France et l'aéroport de Kaboul le soir du mardi 17 août 2021*

INTRODUCTION

1er septembre 2021

Ils sont là par centaines, dans les eaux boueuses et épaisses du canal, un égout à ciel ouvert qui charrie fèces et autres immondices. Des êtres sans vie flottent au milieu des valises et des étoffes multicolores. Ceux qui vivent encore tentent de se hisser sur la rive, où d'autres cadavres s'étalent près des murets et des fils barbelés. J'entends les cris de douleur des femmes et des enfants, le bourdonnement des incantations, les hommes qui récitent les sourates de la prière pour les morts.

Les yeux rivés sur l'obscurité, le cœur battant, je m'assieds au bord de mon lit, réveillé une fois encore par ce cauchemar qui me hante depuis trois nuits. Sans les miaulements de notre chat qui me rappellent où je suis, j'aurais sauté dans mon jean et couru vers le canal pour les chercher. Qui ? Je n'en sais rien. Des visages inconnus défilent sans cesse dans mes rêves.

Il est encore très tôt, je me lève et rejoins, dans le jardin de mon pavillon, la douceur de cette première nuit de septembre. C'est bientôt la fin de l'été, je regarde les étoiles, reconnais celles qui éclairaient mes nuits à

Kaboul. Elles brillent du même éclat discret et mystérieux.

Je savoure l'instant présent, le silence, l'air frais imprégné des senteurs mêlées des plantes et des arbres. Dans les herbes hautes, je remarque une petite forme qui se glisse dans la pénombre, le long du parterre de fleurs. C'est le hérisson, celui que j'avais croisé deux ans auparavant et que je n'ai pas revu depuis. Étonnante rencontre, réapparition au cœur de la nuit. J'y vois un signe de bienvenue au lendemain de mon retour, un symbole d'espoir et de protection.

PRÉAMBULE

La ville
la plus dangereuse du monde

Kaboul, septembre 2016

C'est à la fin de l'été 2016, au crépuscule d'une longue et riche carrière au sein de la « grande maison », la Police nationale, que je pose mes valises à Kaboul, en Afghanistan. Je quitte le confort et l'ennui d'un bureau parisien pour un ultime challenge : la lutte contre le trafic de drogue et le terrorisme dans un pays qui concentre à lui seul 98 % de la production mondiale d'opium et plus de vingt organisations terroristes, dont les plus terribles : les talibans, Al-Qaida et Daech.

Je ne connais rien de l'Afghanistan. Sauf à travers le roman de Joseph Kessel, *Les Cavaliers*, et la documentation que je lisais régulièrement quand j'étais en poste à la Direction de la coopération internationale du ministère de l'Intérieur, à Paris.

Dans l'avion qui me mène de Dubaï à Kaboul, je scrute les paysages de l'Afghanistan. Des étendues de montagnes, roches, cailloux et sable s'offrent à mes yeux, une terre âpre comme la mission que j'entrevois. À peine débarqué de l'avion, je monte à bord du véhicule dépêché pour me convoyer. La vitre de la lunette arrière est brisée. L'habitacle est doublé d'un blindage qui a « résisté aux tirs essuyés sur la route de l'aéroport », m'explique FX, mon nouveau collègue. C'est un géant goguenard, un vieux commandant de police, qui m'accueille avec les yeux brillants, comme ceux des enfants quand ils trouvent enfin un compagnon de jeu au milieu d'une coterie d'adultes ennuyeux.

En 2016, à Kaboul, la menace est constante et protéiforme. On y recense un attentat par semaine. Deux fois par mois, des tirs de roquette visent la Green Zone – la zone diplomatique –, même s'ils touchent le plus souvent les immeubles des quartiers voisins. C'est un pays dangereux, les agents de l'ambassade de France ne peuvent y faire venir leur famille : ils vivent et travaillent en vase clos, dans des enceintes cernées de T-Wall, ces blocs de béton armé de 8 mètres de haut, surmontés de rouleaux de barbelés tranchants. À Kaboul, c'est le lot des ambassades de la zone verte – un no man's land où se déclinent toutes les nuances de gris, ciment des édifices, gravier roulé des rues, barricades de sacs de sable.

Les rares déplacements se font en véhicule blindé et en gilet pare-balles. On circule entre la zone verte et l'aéroport, chaque trimestre, pour des congés en France – deux semaines pour s'aérer la tête après quatre-vingt-dix jours d'enfermement. Les représentations diplomatiques les mieux loties offrent le trajet en hélicoptère depuis la base de l'OTAN, au cœur de la zone diplomatique. Plus cher, mais aussi plus sûr que la route avec ses risques d'attentat.

Il n'y a guère que les gardes des sociétés de sécurité privées pour patrouiller dans la zone. Des Afghans en majorité, mal équipés, qui tiennent les check points privés des ambassades. Ils portent des casques souvent trop grands pour eux et des gilets en toile sous lesquels sont parfois glissées des plaques d'acier, protections balistiques bien dérisoires contre les munitions de gros calibre. Mais la plupart du temps les gardes n'ont rien pour se protéger. Les compagnies de sécurité, qui tirent le maximum des contrats très lucratifs signés avec les ambassades, augmentent leur marge en ne fournissant à leurs employés que le strict minimum, se résumant essentiellement à une kalachnikov, le fusil d'assaut préféré des talibans et des groupes terroristes, omniprésente à Kaboul. Les gardes n'en ont souvent qu'une pour deux – et encore, un de ces vieux modèles datant de l'invasion soviétique.

Le soir même de mon arrivée, nous sommes déjà appelés dans le sous-sol de l'ambassade pour nous abriter des tirs de roquettes des talibans. Toujours à l'affût d'un peu de légèreté et d'humour pour se délivrer de la routine brutale de la Green Zone, FX s'amuse en me racontant que l'histoire de la vitre arrière de son véhicule, c'était une blague. Il l'a cassée pendant une fausse manœuvre. Le rire de FX, le bunker, les missiles qui tombent autour de nous : voilà un avant-goût de ce qui m'attend. Ma motivation reste intacte.

Au bout de quelques jours, je commence à déchanter. Je me sens à l'étroit, pris au piège des restrictions de déplacement. Sensation oppressante d'un horizon qui se réduit aux murs d'enceinte et au sommet d'une lointaine colline hérissée d'antennes, sur fond de ciel bleu azur traversé par le ballet immuable, quasi hypnotique, des hélicoptères qui rasent les toits des habitations. À l'ambassade, tout le monde est résigné. Chacun semble se satisfaire de ce mode de vie carcéral.

Le seul qui se démarque, en se jouant quelque peu des recommandations, c'est FX. Peut-être parce qu'il occupe les fonctions d'attaché de sécurité intérieure adjoint et que, pour lui, la sécurité, c'est comme tout le reste : une question où la rigueur la plus stricte se mêle aux règles indomptables du hasard. Son rôle au sein de l'ambassade est d'entretenir des relations avec le ministère afghan de l'Intérieur. Faire de la coopération, échanger des informations utiles pour les services de police en France.

FX mesure près de 2 mètres et son allure d'ours mal léché dissimule ce qu'il est vraiment : un bon vivant qui, en vieux routier de la police judiciaire, aime goûter la vie à Kaboul. Un électron libre, en quelque sorte. En même temps, comment faire autrement ? Seuls l'ambassadeur et les personnels du Quai d'Orsay ont droit à une protection au cours de leurs déplacements. Les autres doivent se débrouiller par leurs propres moyens et composer avec des règles à géométrie variable. FX sort donc en solo pour rendre visite à ses homologues afghans du ministère de l'Intérieur et « dîne en ville » dès qu'il le peut. En bon commandant de police, esprit de corps oblige, je prends le train en marche. FX et moi devenons inséparables. À partir de là, personne n'a réellement prise sur nous, à part l'ambassadeur – du moins le croit-il.

Le Boccacio

Kaboul, septembre 2016

À la limite de la zone verte, à une centaine de mètres de notre compound[1], se trouve Le Boccacio, un bar-restaurant qui sert des spécialités italiennes. C'est aussi le seul endroit autorisé à vendre de l'alcool à Kaboul. Le tout-Kaboul politique et la haute administration s'y pressent. On dit que Joseph, le patron, connaît tout le monde, qu'il sait tout sur tout et détient beaucoup d'informations intéressantes, à condition de bien trier. On dit aussi qu'à l'étage de son restaurant il possède un véritable arsenal, qu'il aime exhiber les soirs où il a un peu forcé sur la bouteille.

Cela fait deux ans maintenant que FX vit à Kaboul et, par habitude, par paresse peut-être aussi, parce qu'il ne veut sans doute pas braver un nouvel interdit, il n'a jamais mis les pieds dans l'établissement. Tout le monde en parle, mais personne ne sait vraiment ce qu'il se passe derrière les murs sans fenêtres du mythique restaurant : les rumeurs vont bon train sur sa clientèle très spéciale, trafiquants de drogue, politiques, agents secrets

1. Complexe ou campus.

– elles alimentent les fantasmes et aiguisent ma curiosité. Un soir, à la sortie d'une réunion, j'attire FX dans un bureau vide et lui propose de « tenter l'expérience » du Boccacio, l'exploration interdite d'un Kaboul invisible.

On y entre par une porte trouée dans un mur de béton aveugle. Des casiers sont disposés à l'entrée pour recevoir en dépôt les armes, officiellement interdites dans l'établissement. En réalité, ces casiers sont éternellement vides. Dans la salle, l'ambiance est plutôt saloon de western. Tous les clients portent une arme, cachée ou apparente. Ils s'installent et commandent du whisky ou de la vodka, à 200 ou 300 dollars la bouteille.

FX et moi, nous ne sortons jamais sans nos armes. Mais à l'entrée du restaurant il faut négocier ferme avec les gardes pour les conserver. La discussion sans issue se finit avec l'irruption du patron, qui nous autorise à les garder « en port discret ». Je lui fais remarquer la petite bosse sous le pan de sa veste. Le patron sourit, presque fier, avant de me donner la marque de son arme, son calibre puis ses caractéristiques techniques – à l'instar de la plupart des mythomanes de la gâchette.

Très peu d'étrangers fréquentent Le Boccacio, et le patron voit manifestement en nous de futurs agents de promotion. Nous avons droit à une visite guidée des lieux, notamment du bar, derrière lequel s'alignent plus de soixante-dix marques de whisky et de vodka. Après nous avoir déroulé le tapis rouge, il nous propose une table au centre de la salle. Je refuse poliment : « Je préfère avoir un mur dans le dos. » Il s'amuse de ma réponse et me murmure à l'oreille : « Ici, vous ne craignez rien. Nous sommes entre gens de bonne compagnie. »

Vingt minutes plus tard, dans un coin de la salle, FX et moi discutons en mangeant nos pizzas accompagnées de deux misérables bières sans goût. De la musique occidentale filtre des enceintes fixées au mur au-dessus du bar. Un Afghan d'une quarantaine d'années, massif et visiblement éméché, s'approche de notre table. Notre présence éveille son intérêt.

« Salut, les gars, comment ça va ? » lance-t-il, cigare aux lèvres, dans un anglais parfait.

« Ça va », lui répond FX, laconique, avant de reprendre le fil de notre conversation. Nous feignons d'ignorer l'intrus et il finit par s'éloigner.

Mais, quelques minutes plus tard, il revient avec deux bouteilles, de whisky et de vodka, qu'il pose devant nous avant de s'asseoir à notre table : « Buvez, messieurs ! » dit-il, son cigare toujours vissé à la bouche.

Il ne ressemble pas à ses collègues attablés à l'autre bout de la salle et tous habillés en costume-cravate. Son tee-shirt moulant peine à couvrir son ventre et la crosse de son pistolet, qui dépasse de la ceinture de son jean. Il insiste pour nous faire boire, remplit les verres de whisky à ras bord, puis nous harcèle de questions : « Qui êtes-vous ? », « D'où venez-vous ? », « Que faites-vous à Kaboul ? », « Vous êtes dans la sécurité ? Des *contractors* ? », « Des *businessmen* ? »…

Nous ne répondons à aucune question. Pas d'incruste à notre table – c'est la règle. Il se lance alors dans un monologue assommant où il explique que lui, le *businessman*, traite les plus juteux contrats commerciaux d'Afghanistan : « Vous ne savez pas qui je suis ? Je vais vous le dire : je suis le plus gros entrepreneur afghan, je travaille avec les Américains ! »

Nous continuons de l'ignorer. L'agitation de notre *businessman* monte encore d'un cran puis, dans un geste brusque, il dirige sa main vers sa poche arrière et s'empare d'une épaisse liasse de billets de 100 dollars auxquels, un par un, dans une sorte d'hallucinant compte à rebours, il met le feu avant de les jeter négligemment par-dessus son épaule : « Je gagne de l'argent, beaucoup d'argent », lance-t-il avec un regard de défi. « Vous ne me prenez pas au sérieux… L'argent n'est rien pour moi. Rien ! J'en ai toujours… J'en ai autant que je veux ! »

Les dollars partent en fumée, flammèches d'argent qui virevoltent dans la pièce sous les yeux effarés des clients et du serveur qui voit dans chaque billet un mois de salaire réduit en cendres. Derrière le bar, le patron observe la scène. Sur son visage se lisent la tension et la gêne. Les billets continuent de flamber sur le parquet. N'y tenant plus, il quitte son comptoir, s'approche de notre table et tente de les ramasser. Mais l'individu lui fait signe de reculer, une main sur la crosse de son pistolet.

Nous ne bronchons pas, ne manifestons aucune émotion, tels de vieux briscards de la police judiciaire habitués à la frime des gros voyous du grand banditisme français. Bien sûr, l'homme est armé, et l'alcool et les armes ne font pas bon ménage. Nous restons sur nos gardes, tandis que cet imbécile continue de pérorer. Jusqu'où va nous mener cette absurde démonstration ? Jusqu'où va-t-il aller ? Les clients se sont tus et certains commencent à s'éclipser discrètement. Un silence oppressant s'est abattu sur la salle.

La fébrilité gagne la table des collègues de l'homme d'affaires. Il va trop loin, mais qui s'interposera ? Je regarde FX, qui me regarde à son tour. Nous nous sommes compris. Calmer le jeu. Esquiver toute provocation et, malgré le dégoût que l'homme nous inspire, lever nos verres avec lui. Soudain, une main se referme sur le bras de l'individu, le soulève de sa chaise. C'est celle d'un autre Afghan qui s'est approché, tel un félin.

Ses yeux noirs nous fixent brièvement, puis il tourne son visage vers l'oreille de l'intrus pour y faire claquer quelques mots qui ressemblent à un ordre. L'homme d'affaires se fige puis se confond en excuses tandis que sa tablée se lève comme un seul homme. Ils viennent défiler un à un à notre table pour faire amende honorable avant de quitter le restaurant.

L'homme à qui nous devons notre salut nous toise – grand, mince, un visage glabre à l'exception d'une moustache parfaitement entretenue. Il est vêtu d'un blazer, d'un jean, d'une chemise et de bottes texanes, comme un cow-boy téléporté à Kaboul pour les besoins d'une comédie. Il ne lui manque qu'un chapeau Stetson pour parfaire son costume de scène. À son tour, il formule des excuses avant de s'éloigner, soulevant les cendres dérisoires de quelques centaines de dollars. Au moment de quitter la salle, il s'adresse à nous une dernière fois : « S'il vous plaît, ne vous dérangez pas. Poursuivez votre dîner, vous êtes les bienvenus. »

L'homme est un responsable des services secrets afghans. Je l'apprendrai deux ans plus tard, lors de notre deuxième rencontre – à l'occasion d'un échange tendu mais honnête sur nos visions incompatibles de la lutte contre le terrorisme. Malgré nos divergences, nous deviendrons des amis proches.

Le Foreign
Anti-Narcotics Community

Kaboul et Herat, octobre 2016

FX et moi, nous nous rendons régulièrement au ministère de l'Intérieur, siège de nos activités de coopération internationale, mais aussi au domicile de hauts responsables afghans qui nous invitent chez eux. C'est là notre marque de fabrique et le socle de nos relations bilatérales. Nos budgets de coopération sont insignifiants au regard de ceux de nos homologues américains, anglais, allemands, russes, chinois et même turcs ; en revanche, nous disposons du meilleur réseau d'échanges opérationnels avec les Afghans. Nous sommes les seuls à les fréquenter continuellement dans un cadre institutionnel ou privé, et cela fait toute la différence.

À Kaboul, j'occupe une place centrale dans le dispositif des officiers de liaison du contre-narcotique. Tous les mois, à l'ambassade de France, je réunis l'ensemble de mes trente-quatre collègues étrangers, tous membres du réseau régional du Foreign Anti-Narcotics Community, ou FANC. Le lieu est considéré comme une zone neutre et tous, sans exception, acceptent de siéger ici à la même table. Américains, Russes, Chinois, Iraniens, pour ne citer que les cas particuliers, tolèrent de se côtoyer dans ce seul espace, même s'ils ne se parlent jamais directement.

À l'heure du café, du thé et des croissants, c'est le bal des faux culs, une version aseptisée des *Tontons flingueurs*. Il ne se dit rien, il ne se passe rien, il ne s'organise rien autour de cette table. En réalité, tout se déroule en coulisse. Il faut arriver plus tôt et partir plus tard pour assister aux véritables échanges opérationnels et connaître les stratégies des uns et des autres. En tant qu'organisateur, je suis idéalement placé, au carrefour des informations distillées habilement par ceux qui ont une réelle influence dans la zone.

J'ai des contacts fréquents avec le vice-ministre du contre-narcotique, le général Baz. Un homme affable et complexe qui est aussi, selon les services de renseignement français à Kaboul, un baron de la drogue à la tête du trafic dans le nord-est de l'Afghanistan. C'est mon interlocuteur et celui de tous mes collègues du FANC. Faut-il s'en défier ? Oui. Faut-il s'interdire de le fréquenter ? Non. C'est une question de bon sens et un principe de réalité.

J'ai rencontré le général Baz quelques jours après mon arrivée à Kaboul. Originaire du Badakhshan, une province située dans le nord de l'Afghanistan, aux confins de l'Hindou Kouch, c'est un ancien moudjahidine qui a fait ses armes auprès du commandant Massoud. Il aura été de toutes les luttes, de la résistance aux troupes soviétiques à celle contre les talibans, qui lui auront valu, comme à beaucoup d'autres moudjahidines, reconnaissance, titres et fonctions.

Derrière ses lunettes aux verres teintés, on devine ses minces yeux noirs et le regard perçant du vieux guerrier qui vous scrute des pieds à la tête. Baz est de petite taille, il parle doucement, sur un ton monocorde, en égrenant un chapelet qu'il prend et remet mécaniquement dans sa poche. Mais il ne faut pas se tromper, c'est un homme redoutable : sur un clignement de paupières, tout bouge ou tout s'arrête autour de lui.

Le courant passe bien entre lui et moi. Pris dans l'élan de son opération de séduction, un jour, il m'invite à l'accompagner en province, à Herat, pour assister à des actions de démantèlement de réseaux de trafiquants et à la destruction de laboratoires de drogue. Il s'attend que je me défile, comme le ferait n'importe quel collègue des autres ambassades, mais je le prends au mot : « C'est un honneur que vous me faites, ce serait une offense de refuser. » Son visage se fige. C'est la première fois que je le vois décontenancé. Il hésite un instant puis me demande, un rictus aux lèvres : « Mais vous n'avez pas peur ? Ne craignez-vous pas pour votre sécurité ? »

Nous sommes à la mi-octobre 2016. C'est une période très sensible et à risque pour les communautés chiites d'Afghanistan. Chaque année, elles sont la cible d'attentats meurtriers dans les mosquées ou lors de rassemblements massifs. À Kaboul, deux attentats ont déjà été perpétrés en moins d'une semaine. À Herat, ville à forte concentration chiite, frontalière de l'Iran, la tension est à son comble.

Le départ est proche, et à l'ambassade mon voyage ne fait pas l'unanimité. Côté afghan, on multiplie les mises en garde, on invoque un risque sécuritaire majeur, puis, voyant que cela ne m'effraie pas, on m'oppose le peu d'intérêt que représentent les opérations éclairs antidrogue. « Vous savez, m'explique-t-on sans jamais me convaincre, elles ne permettent pas d'appréhender les méthodes de travail des services afghans du contre-narcotique. » Pour ma part, j'y vois la volonté à peine voilée d'occulter une certaine réalité : la corruption des forces de sécurité, la falsification des statistiques et l'emprise des seigneurs locaux sur les trafics, et cela ne fait que redoubler ma curiosité. Étrangement, l'opération des forces spéciales du contre-narcotique se déroule quarante-huit heures avant notre arrivée à Herat. Le vice-ministre Baz s'empresse de me faire savoir qu'elle a été avancée en raison de « contraintes opérationnelles », mais que notre déplacement est maintenu.

Nous partons enfin vers l'ouest, à bord d'un avion de la compagnie aérienne locale. Notre voyage se résumera finalement à superviser les opérations de destruction des drogues saisies dans la province. Le vice-ministre est accompagné d'une cohorte de généraux et de colonels de la police antidrogue, et de ses quatre gardes du corps armés jusqu'aux dents.

À notre arrivée à Herat, un parterre de hauts responsables locaux nous attend avec pas moins d'une trentaine de gardes armés, qui nous embarquent dans un convoi d'une vingtaine de véhicules long de plusieurs centaines de mètres. Nous traversons la ville sirènes hurlantes, entourés de pick-up équipés de tourelles de tir avec mitrailleuses lourdes pointées sur les badauds qui regardent sans sourciller ce ballet démesuré.

Nous arrivons bientôt dans un complexe des forces de sécurité situé dans le centre-ville. Une véritable forteresse. Le vice-ministre m'y présente les stocks de marchandise saisis par ses hommes. Sous le toit en tôle ondulée, dans une atmosphère suffocante, gisent des centaines de ballots à travers lesquels suinte un liquide noir et gluant : de l'opium qui fond sous la chaleur. Près de 25 tonnes sont entreposées là, avec 5 tonnes d'héroïne, des centaines de kilos de cannabis, du matériel de laboratoire, des milliers de comprimés de méthamphétamine, des armes, des explosifs. Dans une autre partie du bâtiment se trouve un stock d'alcool de contrebande, 14 000 bouteilles de whisky Johnnie Walker Red Label en provenance de Dubaï. Tout doit partir en fumée dans un gigantesque barbecue en plein air.

Le lendemain matin, nous prenons la route dans un imposant cortège de véhicules qui se dirige vers le lieu du brûlage, à l'extérieur de la ville, dans une zone désertique et rocailleuse. Des dizaines de personnes sont déjà sur place : des officiels, des religieux, des militaires, installés sous un immense barnum blanc au milieu d'un impressionnant décor. Tout autour de nous, les forces de sécurité prennent position et, au loin, je distingue des blindés qui braquent canons et mitrailleuses vers les lignes de crête – derrière se trouvent les positions talibanes.

À une centaine de mètres, face à l'assemblée, se dresse un énorme monticule recouvert d'une bâche blanche sous laquelle sont rassemblées les tonnes de drogue prêtes à être incinérées. Mais on ne distingue rien de précis et je suis frappé par cette absence de visibilité. Les bouteilles d'alcool, elles, sont au contraire sorties des cartons, exposées une à une, alignées sur une belle surface. Y a-t-il là un tour de passe-passe, un parfait numéro d'illusionniste ? Je ne peux m'empêcher de sourire devant cette mise en scène, on est bien loin des 14 000 bouteilles de la veille – de toute évidence, certains se sont servis au passage.

La cérémonie peut enfin commencer, ouverte par le rituel de la prière. Les discours s'enchaînent, ceux des dignitaires locaux, des représentants du gouvernement et celui de Baz, qui sera le plus long et le plus vindicatif contre les groupes criminels et terroristes, souvent les mêmes, qui participent à l'expansion des trafics de drogue. Il s'empare d'un flambeau, puis s'avance solennellement vers un sillon rempli de pétrole tracé entre la tribune et le bûcher. Baz plonge la torche dans le carburant, qui prend feu aussitôt. La flamme court le long de la tranchée en oscillant avant de percuter le monticule de drogue. Celui-ci s'embrase dans une déflagration sourde, projetant un champignon de fumée noire et un souffle brûlant dans notre direction. Cris de joie, applaudissements. L'atmosphère se sature de fumée, devient vite irrespirable. On se congratule et on pose pour des photos avec, en arrière-plan, le barbecue géant qui crépite au rythme des bouteilles d'alcool qui explosent.

J'observe cette scène insolite, aussi subjugué par les flammes hautes de plusieurs mètres qu'incommodé par l'odeur âcre dont s'imprègne l'espace. J'entends des sifflements en provenance du brasier. Des masses noires se meuvent dans les flammes et roulent lentement sur quelques mètres avant de s'affaisser. Ce sont des pneus, de gros pneus de camion que je discerne mieux maintenant à la base du bûcher. Je suis le seul à m'en étonner et, quand j'interroge l'un des invités, il me répond, un sourire en coin : « Les pneus ? Ils servent de combustible ! »

Je m'avance vers Baz qui, entouré de ses hommes, s'apprête à quitter les lieux et lui lance, avec un clin d'œil appuyé : « *Tabrik !* » – « Félicitations » en dari. Comprend-il que je le félicite pour l'opération, pour sa brillante supercherie, ou pour les deux à la fois ? Comprend-il que j'ai compris son stratagème ?

Après quinze années d'investissement et des milliards de dollars, voilà finalement à quoi se résumait l'action de la communauté internationale et du contre-narcotique afghan dans le domaine de la lutte contre le trafic de drogue en Afghanistan. Il faut se rendre à l'évidence :

cette lutte a été inefficace et, pour tout dire, stérile. Mais, à défaut d'éradiquer ces trafics, on a au moins tenté de les réguler. C'est ce qu'ont probablement fait les Américains, dont l'objectif principal était de priver de ressources les talibans, qui financent en grande partie leurs actions avec l'argent de la drogue. La lutte contre l'enrichissement personnel et la corruption liée à ces trafics était une priorité affichée, mais en réalité tout le monde regardait ailleurs et s'accommodait tant bien que mal de relations biaisées, faites d'esquives et de faux-semblants, avec l'interlocuteur afghan.

La présence occidentale

Afghanistan, 2017

En quelques mois, au fil de mes nombreuses rencontres et discussions au sein du ministère de l'Intérieur, du FANC et de l'OTAN, mon point de vue sur le pays, son instabilité politique et ses divisions tribales s'est affiné. Je cerne mieux ses impasses, ses incohérences, les défis auxquels il doit faire face, et les motivations de plus en plus vacillantes de la présence occidentale sur le sol afghan.

Après les attentats du 11 septembre 2001, l'intervention des Américains en Afghanistan avait renversé en deux mois le régime taliban et éradiqué la menace terroriste d'Al-Qaida. Mais leur présence affichait également une autre ambition : mettre en œuvre une stratégie – dans le cadre d'un mandat international piloté par l'OTAN – visant à prévenir la résurgence des talibans tout en développant le soutien au gouvernement afghan pour reconstruire le pays. Dès 2004 cependant, les appareils politique et militaire des talibans avaient commencé à se reconstituer dans les zones tribales du Pakistan, le long de la ligne Durand[1],

1. Le 12 novembre 1893, Abdur Rahman Khan, l'« émir de fer » d'Afghanistan, et sir Henry Mortimer Durand, diplomate et

dans les régions pachtounes, ethnie qui compose majoritairement le mouvement taleb. Le groupe s'était réorganisé et avait repris du poids sur le terrain afghan, multipliant attentats-suicides et prises de territoires. Près de quinze ans plus tard, en 2016, l'emprise territoriale des talibans s'était étendue au-delà de leurs fiefs traditionnels du Sud et de l'Est, proches du Pakistan.

En 2017, leur influence progresse à l'ouest, dans les provinces frontalières de l'Iran, et au nord, en bordure des anciennes républiques soviétiques d'Ouzbékistan, du Tadjikistan et du Turkménistan. Les talibans offrent une opposition forte dans dix provinces afghanes sur trente-quatre.

Après plusieurs années d'enlisement et plus de 1 000 milliards de dollars dépensés par les États-Unis[1] pour la reconstruction de l'Afghanistan, le pays est alors classé par les Nations unies 168e sur 189 pour l'indice de développement humain, occupant la dernière place du continent asiatique.

La production d'opium avoisine les 9 000 tonnes par an et constitue la plus grande industrie du pays, avec 500 000 emplois et une ressource estimée à près de 900 millions de dollars. Cette économie parallèle compte pour 20 à 32 % du PNB de l'Afghanistan. Elle profite aux petits paysans qui cultivent le pavot, aux intermédiaires qui organisent le trafic, aux filières de production d'opium et d'héroïne, aux officiels corrompus – et aux

fonctionnaire de l'Indian Civil Service, négocient à Kaboul une frontière pour séparer l'Inde britannique de son voisin. Cet axe de 2 670 km sépare aujourd'hui l'Afghanistan et le Pakistan, qui en a hérité en 1947 après la partition des Indes.

1. Ces sommes sont plus de six fois supérieures à celles mobilisées par le plan Marshall pour reconstruire l'Europe entre 1945 et 1951.

talibans, qui condamnent la drogue mais la taxent au nom du djihad.

L'Afghanistan est classé parmi les pays les plus dangereux au monde. L'insécurité est principalement liée à la situation politique et à la guerre d'insurrection. Le nombre de victimes ne cesse de croître chaque année, avec, en 2017, des bilans macabres autour de 11 000 victimes civiles, soit près de 4 000 morts et 7 000 blessés.

Le pays est livré à une quasi-guerre civile, les groupes terroristes s'y sont développés, près de vingt et un selon les services américains. L'insurrection est principalement conduite par les talibans, dont les effectifs sont estimés entre 65 000 et 75 000 hommes. Structurés et organisés, ils disposent d'une branche politique et administrative qui constitue un gouvernement fantôme actif à travers tout le pays. Militairement, ils disposent de troupes combattantes bien armées, dont une force spéciale redoutable, la « Red Division ». Ils peuvent également compter sur une branche terroriste, le « réseau Haqqani », qui a mené les attentats les plus meurtriers de ces dernières années.

Sur le terrain, les talibans sont présents dans quasiment tout le pays.

Le mouvement taleb reste le principal partenaire de tous les groupes terroristes régionaux et mondiaux qui opèrent en Afghanistan, à l'exception de l'État islamique. Les talibans entretiennent toujours des liens étroits avec Al-Qaida, qui a gagné en puissance sous leur égide et étoffé ses effectifs en Afghanistan.

La branche régionale de Daech, l'État islamique au Khorasan (EIK), a été signalée dès 2015. En Afghanistan, l'État islamique a cherché à récupérer les talibans déçus par la seule ambition islamo-nationaliste. Il y a défini ses propres objectifs et adopté une stratégie d'implantation centrée sur les provinces montagneuses, proches des zones tribales pakistanaises, et du Nord, aux frontières des anciennes républiques soviétiques musulmanes.

L'unité nationale est constamment fragilisée par les divisions au sein des appareils politiques, qui révèlent l'essence même de l'Afghanistan dans toute sa diversité, l'esprit tribal et un système féodal orchestré par les puissants seigneurs de guerre. Du nord-ouest au nord-est, les « barons » ouzbeks et tadjiks se sont taillé des empires provinciaux. Dans le sanctuaire de la vallée du Panchir, les héritiers du commandant Massoud mobilisent également leurs partisans, mais peinent à incarner l'héroïsme d'antan dans une région qui reste sous la menace constante des talibans. Au centre du pays, la minorité chiite des Hazara, touchée régulièrement par des attentats sanglants, n'a plus confiance en les forces gouvernementales censées la protéger. Armées par les Iraniens, les milices hazara veillent à la sécurité de leurs quartiers et lieux de culte. Les Hazara peuvent aussi compter sur le soutien de l'Iran avec les éléments expérimentés de la Brigade des Fatimides[1], dont le contingent est estimé entre 15 000 et 20 000 combattants.

Émanation du « Grand Jeu[2] », qui illustrait la riva-

1. La Brigade des Fatimides est une milice qui regroupe des combattants afghans de minorité chiite hazara, recrutés sous la contrainte au sein de la communauté afghane réfugiée en Iran. Elle a été également envoyée en Syrie pour soutenir le régime de Bachar al-Assad.
2. *The Great Game*, en anglais. Cette expression fut popularisée par Rudyard Kipling, dans son roman *Kim*, paru en 1901. Elle désigne les stratégies géopolitiques et les luttes d'influence entre la Russie tsariste et l'Angleterre victorienne au XIXe siècle en Asie – une rivalité coloniale dont l'Afghanistan, pris en tenaille, fut le théâtre principal, et qui conduisit à l'établissement de ses frontières actuelles.

lité coloniale et diplomatique entre l'Empire russe et l'Empire britannique, l'Afghanistan n'en finit pas d'être au centre d'un autre jeu, celui du duel Inde-Pakistan, né de la sanglante partition de l'Empire britannique des Indes, en 1947. L'influence du Pakistan a été prépondérante pour l'accession des talibans au pouvoir à Kaboul (1996-2001), un atout crucial dans sa confrontation avec l'Inde. Au lendemain de la chute du régime taliban, fin 2001, le Pakistan s'est retrouvé écarté du théâtre afghan, mais a conservé une carte majeure en hébergeant sur son sol l'état-major taliban, tout en laissant le réseau Haqqani entretenir la lutte en Afghanistan. De son côté, l'Inde a profité de la débâcle des talibans et de la disgrâce du Pakistan pour occuper le terrain en devenant l'un des plus gros bailleurs de fonds de la reconstruction afghane et en y développant ses réseaux. Cette rivalité s'est invitée dans l'agenda afghan. Ce tableau régional serait incomplet si l'on ne citait pas la Chine, la Russie et l'Iran, qui ne cachent pas leurs ambitions et leurs intérêts pour l'Afghanistan et ses richesses, mais surtout pour son positionnement stratégique au carrefour de l'Asie centrale.

C'est dans ce contexte qu'en 2017 arrive à la Maison-Blanche Donald Trump, un homme d'affaires dont la seule préoccupation est le retour sur investissement. L'Afghanistan, qui coûte aux États-Unis 50 milliards de dollars par an, n'est évidemment pas rentable. C'est un gouffre financier colossal. La guerre menée par les alliés de la coalition internationale en utilisant principalement des moyens aériens, des tirs de missiles, coûte cher : un missile à 1 million de dollars pour neutraliser un combattant, au mieux trois, c'est le tarif. De plus, les objectifs affichés depuis l'intervention en 2001 sont loin d'être atteints. Au contraire, la situation sécuritaire dans le pays se dégrade, y compris dans la capitale, et le territoire n'est que partiellement contrôlé par un gouvernement fragilisé par l'instabilité et les rivalités politiques. Mais le président américain entend bien régler le problème afghan. Il ne se prive d'ailleurs pas de clamer qu'il a la solution et qu'elle fera 10 millions de morts. Habitué à ses outrances verbales et à ses débordements, personne ne voit venir sa stratégie de retrait, qu'il initiera un an plus tard en ouvrant des négociations directes avec les talibans.

En gage de crédibilité, le 14 avril 2017, il fait larguer sur les combattants de Daech la plus puissante des bombes non nucléaires que l'Amérique possède dans son arsenal militaire : la « mère de toutes les bombes », c'est le surnom de cet engin surpuissant de près de 10 tonnes. Elle représente l'équivalent de 11 tonnes d'explosifs de la famille du TNT. Jamais cette bombe n'a été utilisée, hormis lors d'un essai en Floride qui a soulevé un immense nuage de poussière visible à plus de 30 kilomètres.

Larguée dans la zone montagneuse d'Achin, dans le sud de l'Afghanistan, la bombe en a définitivement modifié le paysage. Le bilan est toutefois mitigé : 36 djihadistes tués. Autant écraser un moustique avec un marteau. Mais l'essentiel est là : une démonstration de la force et de la détermination du nouveau président américain, relayée par les médias de toute la planète.

Un « super attentat »

Kaboul, 31 mai 2017

Le 31 mai 2017 à 8 h 22, un camion piégé explose à l'orée du quartier des ambassades et des institutions afghanes, sur l'une des artères les plus fréquentées de Kaboul, l'avenue Wazir Akbar Khan. L'ambassade de France est à une centaine de mètres à vol d'oiseau. Un immense champignon de feu et de fumée s'élève dans le ciel et un souffle destructeur parcourt la ville. Des débris métalliques sont projetés dans un rayon de plusieurs centaines de mètres, fauchant sur leur passage de nombreuses vies. Le bilan est très lourd : près de 200 morts et 460 blessés, exclusivement parmi la population civile afghane, dont des dizaines d'enfants qui se rendaient à l'école.

Sur le barrage de police contre lequel s'est jeté le kamikaze, il ne reste rien, excepté un trou béant. Le chef de la police confie que les 14 hommes qui gardaient ce poste de contrôle ont tous disparu. Aucun corps n'a pu être restitué aux familles, ils se sont comme vaporisés dans l'atmosphère. Des parties de corps humains et des lambeaux de chair sont retrouvés sur les toits des édifices environnants.

Au printemps 2017, si l'Afghanistan vit au rythme des combats en province et des attentats dans les grandes villes, le pays n'a plus connu d'attentat de cette ampleur depuis 2002. C'est un traumatisme immense pour la population de Kaboul, qui descend dans la rue pour manifester sa colère envers un gouvernement incapable d'assurer sa sécurité. Sur le lieu de l'explosion, les stigmates sont rapidement effacés. Le cratère de 10 mètres de diamètre et de 7 mètres de profondeur est rebouché dans la journée, et une nappe de bitume frais recouvre maintenant le point d'impact de l'explosion. C'est à cet endroit tragique que, le lendemain, la police ouvre le feu sur les manifestants, tuant une dizaine de personnes et en blessant une vingtaine d'autres.

L'attaque, que l'on qualifiera plus tard de « super attentat », ne sera jamais revendiquée. Les talibans nient même toute implication et les regards se tournent vers l'État islamique. Pourtant, bien que toujours prompte à revendiquer ses actions, l'organisation garde cette fois le silence. Pour les autorités afghanes, il n'y a aucun doute, c'est l'œuvre des talibans et de leur groupe terroriste, le réseau Haqqani. Des informations du service de renseignement afghan l'attestent : les talibans, dépassés par l'horreur de la tragédie, tentent de faire endosser cet attentat raté à l'État islamique. Mais une étrange et imperceptible rumeur circule au cœur de l'appareil sécuritaire : un missile à énergie cinétique aurait frappé le camion avant qu'il n'explose au cœur de la zone diplomatique et n'atteigne sa véritable cible, la zone des ambassades, et plus probablement le quartier général de l'OTAN, situé à moins de 400 mètres du point d'impact. Cette hypothèse est très vite étouffée, et aujourd'hui encore le mystère plane sur cette tragique journée du 31 mai 2017.

La communauté internationale ne déplore aucune victime, mais des dégâts matériels importants, qui touchent principalement les immeubles. À l'ambassade de France, les dommages sont considérables. Toutes les vitres ont été soufflées et le bâtiment qui abrite les bureaux des diplomates est structurellement sinistré. Entre le lieu de l'attentat et l'enceinte diplomatique française s'élèvent les très hauts T-Wall du camp Eggers, un immense complexe de stockage. Ils ont absorbé une partie du souffle de l'explosion. Sans cela, les conséquences auraient été bien plus dramatiques.

L'ambassade est composée de plusieurs bâtisses. Mon bureau, situé à l'étage d'un immeuble qui donne sur la rue et surplombe les murs d'enceinte, est dévasté. Les vitres sont brisées. Le siège de mon collègue FX a été sectionné au niveau de l'appuie-tête par la baie vitrée blindée, qui a été projetée à travers la pièce, inoccupée à ce moment précis. Le toit de la partie historique de l'ambassade a été soulevé par l'explosion. Il est retombé sur ses bases, fissurant profondément l'enceinte. D'innombrables débris d'acier, des morceaux de ferraille du camion-citerne, qui a été pulvérisé, criblent le sol et les murs. C'est un miracle que personne n'ait été blessé. À l'heure de l'attaque, la majorité d'entre nous prenaient le petit déjeuner dans une partie protégée de l'ambassade – notre rendez-vous habituel du mercredi matin, que j'organisais pour tous les personnels et agents.

Cet attentat marque un tournant pour la présence occidentale en Afghanistan. Des représentations étrangères ferment ou réduisent drastiquement leurs effectifs. Les locaux de l'ambassade de France, qui ne peuvent plus être occupés en l'état, sont transférés avec tous les services à quelques kilomètres de là, au « Campus des villas », le complexe qui abrite les logements de la majeure partie des agents.

Nos habitations sont à présent transformées en bureaux et, faute de place pour accueillir tout le monde, il faut réduire les effectifs de moitié. Près de 40 agents français quittent le pays, essentiellement le personnel administratif et les coopérants culturels.

FX et moi installons notre bureau au rez-de-chaussée de la villa que nous partageons avec sept autres locataires. Nous n'avons plus qu'un étage à descendre pour rejoindre la pièce qui nous sert d'espace de travail, à côté de la cuisine et de la salle à manger. Cette dernière fait également office de cantine pour bon nombre d'employés afghans qui n'ont d'autre espace où s'installer. Ce sera le lieu de nos activités, au milieu des effluves de plats sortant des fourneaux et du thé que les femmes de ménage laissent infuser toute la journée, dans leur vieille théière en bronze. Promiscuité contraignante, parfois contrariante, mais qui se révèle le plus souvent joyeuse et même rassurante. Cette situation, qui devait être l'affaire de quelques mois, s'éternise. Une année plus tard, nous sommes toujours là, dans cette routine et cette intimité improvisées.

Au mois d'août 2018, FX quitte l'Afghanistan. Il est arrivé au terme de sa mission, après quatre années passées à Kaboul. Il n'est pas remplacé et c'est moi qui lui succède au poste d'attaché de sécurité intérieure adjoint. Sans lui, rien ne sera plus comme avant. Notre binôme de flics, notre attelage hétéroclite soudé par une communauté de destin, comme dans les séries télévisées, a fait long feu.

Au moment des adieux, pas d'épanchements excessifs ni d'yeux embués, ce n'est pas le genre de la maison. Mais, plus que les gestes, les mots sont sincères, profonds et d'une sonorité poétique… « Pour toi, ce n'est plus la même musique maintenant… C'est la merde. Mais je ne t'apprends rien, pas vrai ? Tout part en couille… Allez, bon vent, Mo, et fais gaffe à tes miches… »

Les négociations de Doha

2018-2020

Depuis le super attentat de Kaboul de mai 2017, la communauté internationale s'est recroquevillée sur elle-même. La sécurité des étrangers est devenue un enjeu majeur. Beaucoup s'interrogent sur la pertinence de la poursuite des actions de coopération et des programmes de développement en Afghanistan.

Mes réunions de travail avec les collègues étrangers du FANC, consacrées à la lutte contre les trafics de drogue, deviennent fantomatiques – à peine une dizaine de participants contre 34 habituellement. Certains de mes collègues étrangers sont partis, d'autres ne vont pas tarder à quitter leur poste et ne seront pas remplacés.

Durant plusieurs mois, les incertitudes et un mode de fonctionnement larvé s'installent, laissant planer la menace permanente d'une fermeture de l'ambassade de France. Cette situation flottante perdure les trois années suivantes.

Le contexte afghan évolue au gré des soubresauts du pays, mais surtout des négociations de paix que les Américains ouvrent directement avec les talibans à l'automne 2018, en réussissant le tour de force d'exclure les principaux intéressés : le gouvernement et le peuple afghans.

Hasard ou non du calendrier, le 18 octobre, le général d'armée Austin Scott Miller, commandant en chef des forces américaines et de la mission de l'OTAN en Afghanistan, échappe de peu à un attentat à Kandahar, qui vise en réalité le très puissant et sulfureux chef de la police, le général Abdul Raziq – un farouche opposant aux talibans. En épargnant le général Miller, ce militaire de haut rang, les talibans semblent vouloir montrer leurs bonnes dispositions à l'égard des Américains.

Pressé d'en finir avec cette guerre interminable et de tenir sa promesse de campagne, Donald Trump annonce le retrait d'Afghanistan de milliers de soldats américains dès la fin de l'année 2018. Pourtant, le processus de discussions à Doha, au Qatar, avec les talibans n'en est qu'à ses prémices, et tous les responsables de l'appareil sécuritaire américain y sont hostiles.

C'est alors qu'arrive à Kaboul, au mois de novembre 2018, le nouvel ambassadeur de France, David Martinon. Je ne le connais pas personnellement, mais j'ai pu suivre son parcours dans le sillage de Nicolas Sarkozy. Passionné par l'histoire de l'Afghanistan, il en connaît tous les acteurs et les combats.

Les discussions entre Américains et talibans se déroulent dans un climat de tension et de pression permanentes. Les protagonistes s'affrontent subtilement sur le terrain diplomatique à Doha, et à coups de bombardements aériens et d'attaques terroristes toujours plus meurtrières sur le sol afghan. L'avantage militaire est sans aucun doute favorable à la surpuissante Amérique, mais ce sont les talibans qui mènent la danse et obligent, par leur intransigeance, des Américains trop pressés à d'importantes concessions.

« Vous avez la montre, nous avons le temps », se plaisent à répéter les talibans aux Occidentaux, dont le pragmatisme se heurte à l'insolente réalité afghane, qui s'est jouée des plus grands empires.

Durant des semaines et des mois, l'Afghanistan s'enfonce dans un marasme politique et social, alimenté par des dirigeants arrogants et présomptueux qui refusent d'admettre l'indicible : le départ des alliés et l'abandon à leur sort de millions d'Afghans. Ils ne sont pas les seuls à être dans le déni. Bon nombre de pays croient encore à une solution pacifique, à des négociations intra-afghanes, des discussions entre frères ennemis qui parachèveront l'accord avec les Américains.

Maintes fois, les négociations entre l'administration américaine et les talibans achoppent. Elles sont même définitivement enterrées en septembre 2019, après l'un des sempiternels accès d'humeur, à défaut de lucidité, du président américain. Elles reprennent à la fin de l'année sous la pression de l'agenda électoral américain et de la course à la Maison-Blanche que Trump espère gagner auréolé du succès de la fin de la plus longue guerre des États-Unis.

C'est dans ce contexte que, le 29 février 2020, l'accord de Doha est signé entre l'administration américaine et les talibans. Officiellement, il s'agit d'un « Accord pour ramener la paix en Afghanistan ». En réalité, le document fixe les modalités du retrait définitif des troupes américaines et de leurs alliés de l'OTAN, et impose seulement aux talibans de ne pas utiliser le territoire afghan pour organiser des actions menaçant la sécurité des États-Unis et de leurs alliés. Le retrait total des troupes étrangères doit être effectif le 1er mai 2021. Avant cette date, talibans et gouvernement légitime doivent entamer des discussions pour un cessez-le-feu et se diriger vers un accord de paix définitif scellant l'avenir du pays. Le maintien de représentations diplomatiques à Kaboul devient dès lors très hypothétique, leur sécurité étant garantie par la présence des troupes de la coalition internationale.

Deux semaines après la signature de l'accord de Doha, le monde entier est frappé par la pandémie de Covid-19. L'ambassade de France vient de déménager pour s'installer dans un nouveau complexe, le camp Jefferson, auparavant occupé par des services américains, qui viennent de partir. Le site est immense et offre de grandes surfaces de bureaux et de logements. Il présente surtout l'avantage de communiquer directement avec la partie historique de l'ambassade : au vu des dégâts de l'attaque de 2017, celle-ci ne peut toujours pas être réinvestie, même si nous profitons encore de l'ancienne résidence de l'ambassadeur et du jardin, qui seront précieux lorsque le confinement total sera décrété en Afghanistan. Cet emménagement permet à chacun de bénéficier enfin d'un logement individuel et de sanitaires personnels. Le camp Jefferson est renommé « camp Lafayette » – un petit clin d'œil à nos amis américains.

La Covid-19 touche durement la société afghane, sous-équipée dans le domaine médical. À peine dix respirateurs à Kaboul pour plus de 5 millions d'habitants. Il est difficile d'obtenir des données fiables sur le nombre de contaminations, et encore plus sur les victimes. Bien que confinés chez eux, nos employés afghans sont tous touchés par la maladie ; l'un d'eux en décède. Les Afghans ne signalent ni les cas ni les morts, c'est un sujet tabou. Les enterrements ont lieu la nuit, à l'abri des regards, mais les longues processions autour des cimetières ne passent pas inaperçues.

Au ministère de l'Intérieur, mes collègues afghans me confirment l'hécatombe.

La Covid a mis l'Afghanistan sous cloche. Les protagonistes du processus de paix qui devait s'enclencher après la signature de l'accord de Doha avec un gouvernement afghan et taliban mettent six mois à convenir d'une première réunion pour septembre 2020, sous l'égide du Qatar. Ils mettront encore près de quatre mois à s'accorder sur l'ordre du jour des discussions. L'une après l'autre, les tentatives achoppent. La raison ? Les talibans ne reconnaissent pas le pouvoir en place, qu'ils qualifient de marionnette des États-Unis. Ils refusent toute interaction avec le président afghan, Ashraf Ghani, et réclament son départ comme préalable à l'ouverture des négociations. Le mouvement taleb poursuit un seul et unique but : la restitution du pouvoir et la reddition de l'appareil sécuritaire.

Ashraf Ghani rejette tout compromis. Il assène qu'il revient au peuple afghan de décider qui doit gouverner le pays par la voie des élections. En d'autres termes, les deux parties ne peuvent s'entendre. À Doha, la délégation afghane est finalement conduite par le principal opposant politique à Ashraf Ghani, le Dr Abdullah Abdullah, qui en réalité ne dispose d'aucune latitude ni d'aucun pouvoir décisionnel.

Sur le terrain, le cycle de la violence ne s'est pas interrompu. Mais les talibans veulent rallier la population à leur cause. Les attentats terroristes de masse laissent la place à une multiplication d'assassinats ciblés d'opposants, de fonctionnaires, militaires, policiers, journalistes ou d'écrivains, plongeant le pays dans un climat de psychose généralisée. Exécutés à un rythme quotidien, ces meurtres ne suscitent guère d'émoi ou d'indignation dans la communauté internationale.

Entre-temps, le locataire de la Maison-Blanche a changé. Et, même s'il estime que l'accord est mauvais, Joe Biden n'a pas l'intention de revenir sur la signature de son prédécesseur, d'autant moins que lui-même a milité ces dernières années pour le retrait d'Afghanistan. Les Américains cherchent à gagner du temps, à limiter les effets d'un accord qui, indubitablement, s'apprête à réinstaller les talibans au pouvoir, dont ils ont été chassés vingt ans plus tôt. Ils espèrent aussi remettre au centre du jeu les tenants d'un régime démocratique et républicain, un gouvernement afghan débarrassé de son chef, le président Ashraf Ghani, qui depuis le début du processus est le principal obstacle aux discussions intra-afghanes. Mais rien n'y fait : Ghani et ses partisans se montrent inflexibles et s'accrochent à leurs sièges, fanfaronnant sur leur capacité à contenir les talibans sans l'aide américaine. L'accord de Doha, il est vrai, repose sur le postulat, martelé par l'administration américaine, que les forces de sécurité afghanes prendront le contrôle de la situation après le retrait des Occidentaux.

Un vent de panique

Kaboul, avril-mai 2021

L'accord de Doha prévoyait le départ du dernier militaire américain le 1er mai 2021. L'échéance approche et l'on voit bien que le calendrier ne sera pas respecté. La nouvelle administration américaine tergiverse, espère que les Afghans finiront par s'entendre et que le départ des troupes pourra s'effectuer dans un climat apaisé. Il n'en est rien et, à la surprise générale, le 14 avril 2021, Joe Biden annonce le retrait définitif et sans conditions des forces américaines et de l'OTAN. Le retrait, qui aurait dû s'achever le 1er mai 2021, commencera finalement à cette date et devra être terminé avant le 11 septembre 2021, vingt ans jour pour jour après les attentats de 2001.

C'est un séisme politique et diplomatique. Mais, après des mois de discussions stériles entre le gouvernement afghan et le mouvement taleb, l'impatience et la lassitude l'ont emporté. Les Américains n'espèrent plus rien et estiment désormais impossible un accord entre les Afghans. Ils douchent les espoirs de ceux qui croyaient encore à une issue pacifique. Les mots du secrétaire général de l'OTAN, Jens Stoltenberg, clamés après l'annonce de l'accord de Doha en février 2020, résonnent encore comme une promesse non tenue et illustrent une débâcle annoncée : « Nous ne partirons que lorsque les conditions seront réunies. »

En réaction au non-respect du calendrier initial par les Américains, les talibans se font menaçants et annulent leur participation à toutes les conférences internationales. Pour autant, ils en valident le principe, même s'ils ne le disent pas officiellement. Le gouvernement afghan, dans le déni jusqu'alors, se félicite de cette fin de tutelle et, plein de certitudes, claironne que l'Afghanistan est prêt à se prendre en main et à décider de son destin. C'est le début d'un compte à rebours de six mois au cours duquel les autorités afghanes iront d'échec politique en déroute militaire, plongeant le peuple dans la crainte puis le désespoir. Le gouvernement afghan garde pourtant l'avantage militaire. L'effectif de ses forces de sécurité est estimé à près de 400 000 hommes, soldats et policiers, contre un peu moins de 80 000 combattants talibans. Mais ce même gouvernement n'a pas vu le délitement d'un appareil sécuritaire rongé par la corruption de ses élites et par une base démobilisée depuis des mois.

Dès mai 2021, un vent de panique souffle dans les couloirs des administrations afghanes. Petits et hauts fonctionnaires s'inquiètent quant à leur avenir et n'hésitent plus à nous solliciter ouvertement pour l'obtention d'un visa pour la France. La démarche n'est pas nouvelle, mais elle s'exprimait auparavant plus subtilement. Chaque rendez-vous avec un responsable d'administration, qu'il soit ministre, vice-ministre ou directeur, se conclut invariablement par une demande de visa, qui se révèle être le principal motif de la rencontre. Dans les réunions de travail de la communauté internationale, cela devient, malgré le caractère épineux du problème, un sujet de plaisanterie.

Ces demandes de visa se multiplient et leur inflation soudaine est en réalité le fait de manœuvres frauduleuses d'un réseau où sont impliqués de hauts fonctionnaires du pays comme d'anciens ambassadeurs afghans, qui profitent de la détresse de leurs concitoyens pour monnayer leurs services à des prix exorbitants, entre 30 000 et 40 000 dollars pour l'obtention d'un seul visa.

Ces comportements révèlent l'inquiétude des Afghans et leur volonté, quel qu'en soit le coût, de quitter le pays avant les termes fixés pour le départ des Occidentaux. Pourtant, la situation sécuritaire en Afghanistan reste stable. Certes, il y a toujours des affrontements et des attentats, surtout dans les villes de province, mais leur intensité n'évolue pas aussi dramatiquement qu'on aurait pu le craindre. Les offensives de printemps des talibans, qui commencent habituellement dès le mois d'avril, n'arrivent pas et un calme inhabituel règne à Kaboul. Même la période du ramadan, pendant laquelle il est fréquent qu'attaques et attentats sanglants redoublent, se déroule cette fois dans une tranquillité relative.

Les personnalités politiques et les responsables de l'appareil sécuritaire les plus durs, les opposants les plus farouches aux talibans, ceux qui n'abandonneront jamais et se battront jusqu'au bout, se montrent cependant pessimistes. Ils ne cachent plus leur crainte de voir le pays basculer et se préparent à entrer en résistance.

Les Afghans savent que les Occidentaux vont partir ; ils ont peur. Mais la communauté internationale ne s'affole pas pour autant et envisage toujours une issue négociée, en encourageant la poursuite des discussions intra-afghanes, qui ont pourtant échoué à Doha, Moscou et Istanbul. Dans les faits, c'est désormais sur le champ de bataille que le destin afghan est en train de se jouer. Les forces internationales se mettent en retrait et laissent à la manœuvre l'appareil sécuritaire afghan, qui démontre son impéritie totale à maîtriser le terrain, offrant aux talibans autant de succès militaires qui prépareront la prise du pouvoir après le départ définitif des troupes occidentales.

Côté français, à l'ambassade, cela fait des mois que l'on ne croit plus aux chances d'une paix durable et à une transition gouvernementale paisible. C'est plutôt le scénario de la chute de Saigon, le 30 avril 1975[1], qui tient la corde. Par un étrange hasard, c'est le 30 avril 2021 que le dernier soldat américain aurait dû quitter le sol afghan.

Dès lors, à partir de novembre 2020, le pire des scénarios est envisagé. Tout est planifié pour le départ des personnels français de l'ambassade, mais aussi pour l'installation en France des employés afghans et de leurs familles, soit près de 800 personnes qui, si elles restaient en Afghanistan, seraient exposées aux représailles des talibans. Outre la débâcle de Saigon, deux autres événements de l'histoire récente informent les décisions de l'ambassade et du Quai d'Orsay. Il y a, en premier lieu, le souvenir du génocide des Tutsis au Rwanda en

1. Après huit années de guerre, les Américains décident de mettre fin au conflit vietnamien et signent en 1973 un traité de paix avec le Nord-Vietnam. Deux ans après sa signature, les forces nord-vietnamiennes s'emparent militairement du pays et prennent d'assaut la capitale, Saigon, sans que les Américains ne s'interposent, et ce malgré leurs engagements. Des scènes de panique se multiplient dans la ville. Les évacuations des personnels des ambassades se font dans la précipitation et la désorganisation les plus totales. La population de Saigon se rue alors aux portes de l'ambassade américaine et investit les lieux, cherchant à fuir par tous les moyens.

avril 1994. Pour nombre de diplomates et de militaires, il est hors de question que se répètent à Kaboul les erreurs commises à Kigali[1], à savoir l'abandon pur et simple des employés tutsis de l'ambassade de France et du centre culturel français pendant les massacres. Il y a aussi, plus récemment, l'épisode des *tarjuman*[2] – ces traducteurs et interprètes afghans qui aidaient l'armée française pendant son déploiement en Afghanistan entre 2001 et 2014, et que certains n'ont pas hésité à comparer aux harkis abandonnés par l'armée française et massacrés à l'indépendance de l'Algérie[3].

1. Le 26 mars 2021, près de trente ans après les événements, une commission d'historiens a remis au président français un rapport sur le rôle de la France dans le génocide des Tutsis au Rwanda. Il n'incrimine pas la France dans le fait génocidaire, mais fait état de responsabilités accablantes sur les plans politique et militaire. *Cf.* Commission de recherche sur les archives françaises : *La France, le Rwanda et le génocide des Tutsi (1990-1994).*
2. En langue dari, *tarjuman* signifie « interprète ».
3. À la suite des attentats du 11 septembre 2001, près d'un millier d'Afghans ont travaillé en qualité de personnels civils recrutés localement (PCRL) pour les forces françaises déployées en Afghanistan. Ils ont occupé des fonctions de cuisinier, jardinier, chauffeur, et principalement d'interprète. Certains sont allés jusqu'à porter des armes pour combattre aux côtés des militaires français. En 2012, la France a retiré ses troupes et le dernier contingent français a officiellement quitté l'Afghanistan le 31 décembre 2014. Après ce retrait, l'attitude de la France à l'égard de ces PCRL afghans a été très critiquée. L'histoire des relations franco-afghanes est bien différente des relations avec l'Algérie, et le statut des PCRL n'est pas tout à fait comparable à celui des harkis, mais force est de constater que seule une petite partie d'entre eux a bénéficié d'un programme d'installation en France. Des militaires français se sont mobilisés et des associations ont pris la défense des PCRL, en obligeant l'administration française à initier de nouvelles procédures d'accueil en 2015. Ce processus, lent, incomplet, parfois kafkaïen, a fait l'objet de nouvelles critiques et le dossier

Pour l’ambassadeur de France, l’évacuation des ressortissants afghans est donc avant tout une question d’honneur pour le pays. Il élabore un plan et le propose aux autorités françaises – qui soutiendront l’initiative, même si certains émettent quelques réserves. Mais la position française n’est pas suivie par les autres nations, elle est même critiquée par nos partenaires de l’Union européenne. Et les autorités afghanes y verront un acte de défiance à leur égard.

---

a été porté sur la place publique. Le Conseil d’État a fini par trancher en leur faveur, en décidant d’étendre aux PCRL le bénéfice de la « protection fonctionnelle », qui met à l’abri les agents publics quand ils sont victimes de faits résultant de leur fonction. Mais, à l’aube du retour des talibans au pouvoir à Kaboul, de nombreux dossiers restaient en souffrance dans les classeurs des juristes du ministère des Armées.

Premiers départs

Kaboul, mai-juillet 2021

À l'ambassade de France, c'est la mobilisation. On prépare les premières vagues de départs des employés afghans et de leurs familles. Il n'est pas question de vols spéciaux affrétés par l'État français, mais de voyages échelonnés sur plusieurs semaines. Des lignes commerciales de la compagnie aérienne Emirates assurent normalement des rotations quotidiennes. Cependant il faut compter aussi avec la pandémie de Covid-19, qui perturbe toujours le trafic aérien.

Les candidats au départ sont pressés de rejoindre la France. Nombre d'entre eux réclament avec insistance leurs billets d'avion. Ils s'attendent à un avenir radieux dans la société française. Ils s'imaginent déjà restaurateurs, interprètes, chauffeurs, ingénieurs, et même professeurs de français, à l'instar des fonctions qu'ils occupaient en Afghanistan. Ils ne devinent pas les difficultés qu'ils devront surmonter et les désillusions qui les attendent.

Le premier vol décolle le 10 mai 2021, suivi de cinq autres, dont un dernier le 17 juillet 2021 – un vol spécialement affrété pour les ressortissants français invités à quitter le pays. Malgré les efforts de communication de l'ambassade autour de cette unique et dernière possibilité de regagner le sol français, la proposition rencontre peu de succès. En ce mois de juillet relativement paisible, toutes nos prévisions se sont révélées inexactes. Peu croient à l'effondrement aussi précoce du pays et la plupart se projettent volontiers dans un calendrier plus lointain, voire dans un scénario plus optimiste pour l'Afghanistan. Bon nombre de partenaires étrangers dénigrent les initiatives françaises, qui menacent de faire tache d'huile auprès d'autres ambassades européennes. À ce stade, elles n'ont rien prévu pour leurs personnels afghans ou s'en lavent les mains, comme l'Australie, qui a fermé ses locaux sans se préoccuper de leur sort.

En France, hormis les ONG, vent debout contre la position française, personne n'exprime de critique ouverte, mais dans les couloirs des administrations le ton est sarcastique. Sous cape, les persifleurs ne se privent pas de dénoncer une initiative dénuée de clairvoyance et de vision stratégique.

À Kaboul, nous commençons à nous demander si nous ne sommes pas allés trop vite en besogne en nous obligeant à partir trop tôt. Tous les moyens ont été mis en œuvre pour anticiper une fermeture provisoire de l'ambassade dans le sillage du départ des Américains. Avec l'exfiltration des personnels afghans dits « de support », les services ne peuvent plus fonctionner normalement, il n'y a plus de secrétaires, d'interprètes, de traducteurs, de conducteurs, d'agents d'entretien ou de restauration, ni de jardiniers…

En ce mois de juillet, je suis en France pour quelques jours de congé. Je scrute l'actualité afghane : le contexte est étrangement calme, les Américains et l'OTAN poursuivent le retrait de leurs troupes selon le calendrier prévu et les autres ambassades demeurent plutôt attentistes. Les violences sont moindres, probablement grâce aux fêtes de l'Aïd qurban et à la trêve, quoique non officielle. Les combattants talibans et les forces régulières s'affrontent sur le champ de bataille avec moins d'intensité et c'est plutôt le statu quo qui prédomine. Les talibans résistent mieux maintenant que la coalition internationale ne soutient plus les forces de sécurité afghanes, mais ils ne prennent pas le dessus pour autant et cela semble de bon augure pour la suite. Le rapport de force est favorable au régime en place. D'ici le 31 août, date du retrait des forces internationales, les talibans ne disposeront pas de la marge de manœuvre nécessaire à la prise du pouvoir dans le pays. Du moins c'est ce qui se dit, et ce qui se croit, au sommet de l'État afghan.

Lorsque je regagne Kaboul le 26 juillet, l'ambiance au sein de l'ambassade est inhabituelle. Il n'y a plus un seul employé afghan et il ne reste qu'une vingtaine d'agents expatriés. Le site est désert. On ne perçoit que le souffle du vent chaud qui balaie les allées et le bruissement des feuilles des arbres qui dominent les immeubles.

C'est mon collègue et ami Ray qui m'accueille, l'air dépité.

Ray est colonel de gendarmerie. Il est attaché de sécurité intérieure et je suis son adjoint. D'une rare droiture, toujours impliqué et fraternel, Ray est apprécié de toutes les équipes. Son acuité et son sens de l'observation en font également le plus redoutable joueur de poker de l'ambassade. Je l'avais accueilli à la fin de l'été 2020, au moment de sa prise de fonction en Afghanistan. Nous nous connaissions pour avoir travaillé ensemble au ministère de l'Intérieur, quelques années auparavant, mais c'est à Kaboul que nous sommes devenus de vrais amis. C'était sa première mission en Afghanistan et il comptait y passer deux années, avant que le sens de l'Histoire n'en décide autrement. Avec les préparatifs de l'évacuation, quelques semaines après son arrivée, son aventure tournait court. Il s'y était résolu, comme tous ceux qui venaient de prendre leur poste et découvraient la versatilité du contexte afghan. Pour ma part, j'avais vécu cinq années avec cette épée de Damoclès au-dessus de la tête et j'en avais pris mon parti. Je ne me projetais jamais au-delà d'un trimestre.

C'est un Ray un peu amer qui me décrit l'ambiance de fin de règne à l'ambassade. « Tout part en vrille », m'explique-t-il avec son sens de l'ellipse habituel. Si la situation reste calme, il semble qu'à Paris les autorités envisagent de fermer plus tôt que prévu, car l'ambassade n'est plus en état de fonctionner normalement. On espère une réouverture début 2022 avec du nouveau personnel, si le gouvernement afghan continue de maîtriser la situation. Ray ajoute : « Ne défais pas tes valises, on ferme peut-être dans une semaine. La décision doit être prise dans les jours qui viennent. » Je me remémore l'avertissement de mon collègue FX en septembre 2016, cinq ans auparavant : « Ne prends pas trop tes aises. Dans six mois on risque de bouger. » Quoi qu'il arrive, le 31 août, ma mission en Afghanistan s'achève. À ce moment-là, qu'il me reste cinq semaines ou une seule, je pense que cela ne changera pas grand-chose. Je me trompe.

Le lendemain, j'accompagne Ray à l'aéroport. Il part passer quelques jours de vacances en France avec son fils. « Donne-moi des nouvelles, Mo. Tout risque de basculer très vite, je n'aime pas te laisser là. » Nous nous quittons sans savoir si nous nous reverrons à Kaboul ou à Paris.

Quelques jours après, la décision est prise de ne pas fermer l'ambassade avant le départ des troupes américaines le 31 août. Le ministère des Affaires étrangères autorise l'ambassadeur à rentrer en France pour deux semaines de vacances.

Les talibans semblent encore loin de remporter la victoire et d'entrer dans Kaboul. Par endroits, les populations résistent en prenant les armes aux côtés des policiers et militaires ou en créant des milices antitalibans. Ce développement est inédit et plutôt encourageant car, si le peuple se soulève contre les talibans, ces derniers n'ont aucune chance d'asseoir leur domination. En 1995, c'est l'inverse qui était arrivé. Les talibans avaient marché sur Kaboul et avaient pris la capitale presque sans combattre, en gagnant le soutien d'un peuple épuisé par la guerre civile qui avait succédé au retrait des troupes soviétiques. Ils avaient alors été accueillis comme les sauveurs d'une nation martyre, déchirée par les rivalités ethniques et féodales.

Aujourd'hui, les talibans sont déterminés à recréer un Émirat islamique d'Afghanistan[1]. Les fondements idéologiques du mouvement restent solidement ancrés et leur stratégie leur permet de tirer leur épingle du jeu de cette guerre asymétrique. Sur le terrain, leurs pertes humaines sont considérables. Mais les talibans communiquent abondamment sur leurs succès territoriaux éphémères. Médias classiques et réseaux sociaux sont inondés par les déclarations de leur porte-parole,

1. L'Émirat islamique d'Afghanistan est le nom officiel du pays sous le régime des talibans. À ne pas confondre avec l'État islamique du Khorasan, branche régionale de Daech. Ils ont le même drapeau, à cette différence près que les inscriptions sont en noir sur fond blanc pour les premiers et en blanc sur fond noir pour les seconds.

qui relaie les victoires et les prises de matériels, d'armements et d'équipements militaires aux forces gouvernementales.

Après les fêtes de l'Aïd, on sent que les talibans veulent accélérer leurs avancées, galvanisés par l'approche de l'échéance du départ des forces occidentales. Les discussions intra-afghanes sont à l'arrêt et la confrontation armée paraît inévitable dès le retrait militaire américain achevé. À ce stade, il n'est toujours pas question d'une fermeture des représentations diplomatiques, dont la sécurité, comme celle des ONG, a été garantie par les talibans à Doha. Mais qu'en serait-il si le pays devait basculer dans la guerre totale et Kaboul devenir le théâtre d'une guérilla urbaine ? Ce scénario est tout à fait probable et le temps ne joue pas nécessairement en faveur des talibans.

Sur le papier, les forces gouvernementales ont les moyens de leur tenir tête, d'autant que la trêve hivernale commence généralement au milieu de l'automne. Les combats deviennent alors difficiles, voire impossibles, dans les zones montagneuses, qui constituent la majeure partie de l'Afghanistan. Si l'offensive talibane était lancée au lendemain du départ américain, le 1er septembre, il leur resterait très peu de temps pour espérer prendre le contrôle et ils verraient leurs perspectives repoussées au printemps 2022. Stratégiquement, ils ne peuvent attendre cette échéance, et le contexte semble leur offrir quelques opportunités.

Sans le soutien de la coalition internationale, les forces de sécurité afghanes se montrent peu efficaces. Les moyens aériens fournis par les Américains, qui assurent pourtant la suprématie dans les combats, sont mal utilisés. En l'absence de couverture suffisante, les appareils sont facilement abattus, quand ils ne tombent pas en panne faute de maintenance. Les blindés, qui sont engagés dans des zones inadaptées, sont trop rapidement abandonnés à l'ennemi.

Au sein de l'appareil sécuritaire, des dissensions apparaissent. Les dirigeants les plus durs, les « faucons », rejettent la stratégie du président Ghani et de son conseiller à la sécurité nationale, l'estimant incohérente et dénuée de sens politique et militaire. Ils finissent par prendre leurs distances et quittent le pays au milieu du mois de juillet pour se réfugier dans les capitales voisines, au Tadjikistan et en Ouzbékistan, ou à Dubaï – d'où ils tenteront d'organiser la lutte contre le mouvement taleb. Le pouvoir afghan s'effrite. Une grande partie de la population ne croit plus à la capacité du gouvernement à empêcher l'arrivée au pouvoir des talibans.

Cette guerre psychologique commence à produire ses effets. Dans certaines provinces, on assiste à des défections de plus en plus importantes au sein de l'armée et de la police. Chez les talibans, un combattant peut gagner entre 400 et 800 dollars par mois selon son aguerrissement. Un soldat afghan peut au mieux espérer 150 dollars de salaire, quand celui-ci est versé. La corruption des responsables locaux est le premier allié des talibans. Il arrive que les policiers et les militaires ne soient pas payés pendant des mois. Ils sont sous-équipés, manquent de munitions et d'approvisionnement en nourriture, quand ils ne sont pas abandonnés à leur sort face à un ennemi qui leur offre la vie sauve contre une reddition.

À la fin du mois de juillet, c'est dans ces conditions que les talibans se préparent à lancer des offensives tous azimuts. À grignoter territoire après territoire, jusqu'au départ du dernier soldat américain.

À l'ambassade, je bois une bière devant la fenêtre entrouverte, en fumant ma dixième cigarette et en écoutant le vent balayer la poussière à travers une capitale qui retient son souffle. Parfois, ce calme est d'une étrangeté alarmante. Parfois, il est interrompu par le fracas d'un hélicoptère qui approche et dévore tout – ses pales soulevant les cendres de cette guerre qui pénètre jusqu'au cœur des hommes, avant de laisser le silence reprendre ses droits, forçant notre vigilance à s'aiguiser de nouveau.

Une enfance dans le Nord

Roubaix, années 1970

J'étais le troisième enfant d'une famille de neuf et l'aîné des garçons. Mon père, victime d'un accident du travail qui lui avait fait perdre une main, était handicapé et ne travaillait plus. Nous vivions des allocations familiales et de sa maigre pension d'invalidité. Le chômage gangrénait toute la région. Les angoisses des fins de mois commençaient dès le deuxième jour de paie, quand on avait fini de remplir le frigo.

J'étais encore un nourrisson âgé d'à peine six mois quand mes parents sont arrivés d'Algérie, en 1962. Comme beaucoup d'autres harkis, ils avaient transité par les camps de Rivesaltes et du Larzac avant d'être envoyés dans le nord de la France. Contrairement à ses frères, supplétifs de l'armée française, mon père était un militaire de carrière. La guerre, il connaissait. Il s'était engagé à dix-sept ans, à la fin de la Seconde Guerre mondiale, et avait participé à de nombreuses campagnes, notamment celle d'Indochine, où il avait été laissé pour mort. Grièvement blessé à la poitrine – la diagonale d'une longue cicatrice en témoigne encore –, il avait été soigné par les Vietnamiens avant d'être remis aux autorités françaises, après plusieurs mois d'enfermement. Il était rentré en Algérie en 1954, où sa famille ne l'attendait plus. Le pays était au seuil de grands bouleversements. Resté dans l'armée, il avait participé à la guerre d'Algérie, jusqu'à son départ, en 1962. On lui décernera la médaille militaire dix ans plus tard, au titre de blessé de guerre.

En France, on l'avait de nouveau affecté dans un régiment. Mais sa carrière s'était achevée brutalement en 1965, à la suite d'une altercation avec un officier qui ne tolérait pas la présence d'Algériens, même harkis, dans l'armée française. Il avait alors suivi ses frères, qui avaient intégré les rangs des mineurs du Pas-de-Calais, puis avait fini par trouver du travail dans l'une des usines textiles de Roubaix, où une machine-outil lui avait déchiqueté la main droite.

Mon père vouait une admiration sans bornes au général de Gaulle et, en tant qu'ancien combattant d'Indochine et d'Afrique du Nord, il ne manquait jamais une cérémonie de commémoration militaire. C'était pour lui l'occasion d'arborer tout un placard d'une douzaine de médailles qui pendaient jusqu'en bas de son veston, et de sortir le drapeau français qui trônait toujours dans un coin du salon. C'était sa manière d'exister : tourné vers le passé, dans une France désormais déchirée par son histoire coloniale. Une France où fleurissaient déjà les affiches de l'extrême droite : « 1 million de chômeurs, c'est 1 million d'immigrés de trop ! La France et les Français d'abord ! »

Le Nord était une terre d'immigration. Au cours du XXe siècle, il avait accueilli de gros contingents de migrants, essentiellement européens : Polonais, Portugais et Italiens, répartis respectivement dans les secteurs d'activité des mines, du bâtiment et du textile.

Les migrants venus du Maghreb étaient les derniers arrivés. Ils n'étaient pas les bienvenus.

Dans les années 1970, le racisme ne cessait de progresser. Tout le monde détestait tout le monde. Pourtant, Polaks, Ritals, Portos, Maghrébins et Français se retrouvaient tous les dimanches au stade de foot, sur le terrain ou dans les tribunes. Ensuite, chacun retournait à sa vie et évitait soigneusement de se mélanger aux autres. À l'école, les enfants jouaient tous ensemble dans la cour de récréation, mais il était rare qu'ils se voient au-dehors. Quand mes copains français organisaient des parties de baby-foot chez eux, ils n'avaient pas le droit de m'inviter.

On ne perçoit pas le racisme et l'exclusion quand on est enfant. On ne sait pas même ce que c'est. Je ressentis leur poids pour la première fois quand Antoine, à qui ses parents interdisaient de jouer avec des Algériens, mais qui était depuis des mois mon camarade dans la cour, me demanda où j'étais né. Je lui répondis que j'étais né à Alma, sans lui préciser que c'était en Algérie. « Ça veut dire que tu es Allemand, s'enthousiasma-t-il, je peux jouer avec toi. » Mon prénom était pourtant maghrébin, mais Antoine omit sans doute de le mentionner à ses parents. J'étais à la fois soulagé et mal à l'aise. J'avais dix ans et pour la première fois je devais cacher mes origines.

L'année suivante, j'étais au collège. L'équipe de France de football allait disputer un match important face à la Pologne, sur le terrain du RC Lens, mon club de foot préféré, à l'époque de sa grandeur. Pour la première fois de ma jeune histoire, un joueur d'origine algérienne, Farès Bousdira, milieu de terrain talentueux du RC Lens, faisait partie de la sélection nationale. La presse régionale s'en était largement fait l'écho. J'en éprouvais une grande fierté.

Quelques jours avant le match, j'exprimai cette fierté auprès de mes camarades algériens, sans soupçonner un seul instant le flot d'injures que mes paroles allaient provoquer. Bousdira, pour eux, était un sale fils de « harki », un fils de traître. En Algérie, les harkis étaient considérés comme des collaborateurs. Ils étaient interdits de séjour, certains étaient même recherchés. Je pris sa défense. Une bagarre éclata entre mes camarades et moi. Désormais, j'étais également le fils d'un traître et, à partir de ce jour-là, plus aucun de mes camarades algériens ne voulut me fréquenter. En réalité, Farès Bousdira n'était même pas fils de harki mais, pour ces jeunes enfants d'immigrés, prendre la nationalité française était déjà une trahison.

Jusqu'à l'adolescence, je ne m'étais pas posé trop de questions. J'étais français. J'étais un enfant et je n'avais pas encore été confronté à la réalité d'une société qui juge les uns et les autres en fonction de leur classe sociale et de leur origine. J'étais bon élève. Mais j'avais vite fini par comprendre que, pour un Algérien, obtenir une deuxième ou une troisième place ne suffisait pas. Il fallait être le premier. À la fin de ma troisième, on m'orienta vers les filières professionnelles, tandis qu'à moyenne inférieure ou égale mes camarades rentraient au prestigieux lycée du Parc. La seule exception, c'était Kader, d'origine algérienne comme moi. Mais il avait 19 de moyenne générale et on ne pouvait décemment pas lui refuser la voie royale.

J'étais résigné. En tant qu'aîné des garçons, j'allais devoir aider ma famille et trouver rapidement un travail pour subvenir aux besoins de toute la fratrie. De longues études étaient exclues, et une formation professionnelle dans le commerce ou la comptabilité ne me semblait pas si mal. J'étais naïf et la réalité me rattrapa vite. Il fallut trouver un stage en entreprise, mais nulle part on n'accueillait d'étrangers – et surtout pas de Maghrébins. Malgré tous mes efforts, je ne trouvais rien.

Ma professeure de vente se proposa de faire appel à son réseau familial et c'est finalement dans un magasin de chaussures que j'effectuai mon stage. Sans la bienveillance et l'obstination de cette femme, je n'aurais sans doute pas eu mon diplôme.

À dix-sept ans, mon BEP commerce en poche, je me lançai, confiant et motivé, sur le marché du travail. Pascal, un ami d'enfance qui avait décroché un poste d'aide-comptable dans une société à deux pas de chez lui, m'aidait en me signalant les entreprises qui recrutaient. Un jour, il arriva chez moi essoufflé, ne tenant plus en place : il m'avait trouvé une annonce ! L'ANPE cherchait quelqu'un pour l'usine sidérurgique derrière notre maison, le long de la voie ferrée.

J'enfourchai ma mobylette et fonçai à l'ANPE pour récupérer le bon de travail. L'employé fit la moue en me le remettant ; j'étais maintenant habitué à tous ces gens que mon nom ou mes origines faisaient grimacer.

À 4 heures du matin, le lendemain, je me présentai dans la cour de triage des déchets de l'entreprise où le poste était à pourvoir. Une dizaine d'ouvriers attendaient, Gitane maïs au bec, devant la pointeuse.

Ils dardèrent leurs regards sur moi, posèrent quelques questions. Très vite, la conversation devint hostile quand ils comprirent les raisons de ma présence. « Dégage », fit l'un des ouvriers. « T'as rien à faire ici. » Les autres embrayèrent : « Les bicots, ici, on les embauche pas. » Le contremaître venait d'arriver. On le prit à partie à son tour. Les ouvriers menaçaient de débrayer si j'étais engagé. Il me poussa vers la sortie sans ménagement. C'était comme si, pour lui, ma seule présence eût pu

compromettre la bonne marche de sa chaîne de production, voire de l'usine tout entière. Je lui montrai le bon de travail. « L'ANPE s'est trompée », marmonna-t-il sans me regarder. Il me dit de partir. Parmi les ouvriers, je reconnus un habitant de mon quartier, un Maghrébin. Il était resté à l'écart, silencieux…

Je me remis à chercher du travail. Pendant des mois, dès 5 heures tous les matins, je partais sillonner les zones industrielles et commerciales pour ne revenir qu'en début d'après-midi, après l'heure du déjeuner, pendant la sieste, pour éviter de croiser mon père. J'avais honte et je pensais ne pas mériter la nourriture qui m'était offerte. C'était ce que mon père pensait lui aussi quand il demandait à ma mère de desservir la table si je ne rentrais pas à l'heure du repas. Mais, quoi qu'il dise, elle me gardait toujours une assiette dans un coin de la cuisine.

J'étais devenu un fils indigne. Pas seulement parce que j'étais incapable de trouver un travail – mes deux sœurs aînées avaient fui le domicile familial un peu avant leur majorité pour échapper à la tyrannie paternelle qui leur imposait un mariage arrangé, pour ne pas dire forcé. On me tenait pour responsable de leur départ et de cette honte qui entachait notre famille. Je ne les avais pas surveillées, je ne les avais pas contraintes, je ne les avais pas dominées comme un garçon devait le faire avec ses sœurs ou avec les filles en général, comme la tradition l'exigeait. Ayant failli à mon devoir, j'étais un paria, honni par mes oncles et mes cousins, que je ne voyais presque plus. Même les femmes de la famille me jugeaient.

Malgré ma solitude d'alors, le souvenir que je garde de cette période de ma vie est celui d'une constance. J'étais comme étranger à ces traditions et opprobres. Je les subissais, mais je les observais de l'extérieur et ne me sentais pas concerné par elles. Malgré les revers, les rejets, les humiliations, l'école m'avait appris autre chose et la société dans laquelle j'évoluais me proposait d'autres rêves.

Mes camarades de classe étaient tous sans exception engagés dans une voie professionnelle. Ils s'appelaient Pascal, Christophe ou Dominique. C'étaient tous des Français d'origine. La semaine ils travaillaient, et le week-end ils sortaient en boîte de nuit, un luxe que je ne pouvais m'offrir. Le samedi soir, j'errais dans le quartier qui m'avait vu grandir et qui sombrait désormais dans le trafic de drogue.

En 1967, après son accident de travail, on avait proposé à mon père un logement social en remplacement de l'appartement où j'avais vécu jusqu'à mes cinq ans, un deux-pièces insalubre au fond d'une cour de la rue de la Barbe-d'Or, à Roubaix. Le logement social était une maison neuve à Hem, dans les faubourgs de la ville, un quartier pavillonnaire sorti de terre au milieu des champs. Une maison avec un salon, une salle à manger, trois chambres, un jardin et des « espaces verts » – ou plutôt des terrains vagues – tout autour.

Au début, nous étions les seuls « étrangers » à Hem. La convivialité y était réelle. La municipalité communiste avait développé ce programme avant-gardiste de logements sociaux pour en finir avec les longues barres d'immeubles de l'agglomération de Roubaix où s'entassaient les familles ouvrières des grandes entreprises. Les familles du quartier s'agrandissaient, les espaces verts et terrains vagues disparaissaient à vue d'œil. Mais, dans les squares, les enfants jouaient au foot et égayaient les rues de leurs Paris-Roubaix.

Dix ans plus tard, le visage du quartier avait changé.

Les squares abritaient des dealers de shit et nos Paris-Roubaix avaient laissé place aux rodéos nocturnes des voitures. Les crissements de pneus et les sirènes de police rythmaient les soirées et les nuits. La jeunesse du quartier s'effilochait pour aller remplir les cellules de la prison de Loos. Quand on prenait des nouvelles de quelqu'un que l'on ne voyait plus, il n'était pas rare de s'entendre dire qu'il était à Loos, ou qu'il en sortait.

J'avais quinze ans et j'étais soumis à un couvre-feu permanent : interdit de sortie le soir, interdit d'aller en boum, interdit de quitter la rue, interdit de m'asseoir devant les maisons des copains. Même l'incontournable braderie de Lille, l'événement annuel où tout le monde se retrouvait avant la rentrée des classes, m'était inconnue, tout comme L'Ère du temps, le bar branché où tous mes potes se donnaient rendez-vous avec leur 125 cm^3.

Juste avant mes dix-huit ans, je rencontrai Marie-Christine, la femme de ma vie avec qui, aujourd'hui encore, je partage mes jours et mes nuits. Rencontre fondamentale : c'est avec elle, par elle et pour elle que je me construirais, que je bâtirais des projets. Ses parents m'ouvriraient leur porte, sans jugement et avec générosité.

Quelques semaines plus tard, je décrochai enfin un contrat dans une agence d'intérim. J'étais lancé et je pouvais enfin entrevoir un avenir et, surtout, je l'espérais, échapper à un destin écrit d'avance.

I

PIÉGÉS
DANS L'AMBASSADE

La bascule

Afghanistan, début août 2021

En cette fin de juillet, après l'accalmie relative observée pendant la trêve non officielle de l'Aïd qurban, les affrontements connaissent une nouvelle intensité. Les talibans, qui avaient jusque-là concentré leurs efforts sur des districts majoritairement ruraux, orientent désormais leurs attaques vers les grandes capitales provinciales. Ils orchestrent des offensives simultanées et assiègent Kandahar, berceau du mouvement taleb, Herat, à forte population chiite, frontalière de l'Iran, et Lashkar Gah, capitale de la province de Helmand, fief taliban et de la nébuleuse Al-Qaida, mais surtout grenier à opium et coffre-fort de l'économie souterraine des talibans.

Est-ce la « grande offensive » ? Un signe ne trompe pas : la Russie, qui observe avec attention ce qui se passe dans la région, déploie des soldats dans les ex-républiques soviétiques d'Asie centrale frontalières de l'Afghanistan, le Tadjikistan et l'Ouzbékistan. Les Russes craignent l'extension du conflit et les incursions de combattants dans leurs zones d'influence, où se sont déjà réfugiés des centaines de militaires afghans et de civils qui fuient les affrontements. Des milliers de soldats russes, tadjiks et ouzbeks sont ainsi mobilisés pour des manœuvres conjointes dans les territoires frontaliers de l'Afghanistan.

Les forces de sécurité afghanes résistent plutôt bien aux offensives des talibans. Les Américains, qui se tenaient en retrait, conformément à l'accord de Doha, viennent à leur rescousse en bombardant des positions du mouvement taleb. Les talibans hurlent à la violation de l'accord, oubliant au passage que ledit accord prévoyait la fin des attaques dans les centres urbains. Le ton monte. Les Américains avertissent que les raids aériens pourraient se poursuivre au-delà du 31 août. Mais la stratégie de ciblage des grandes villes par les talibans s'avère payante, car les combats en milieu urbain rendent plus difficile l'usage contre eux des moyens aériens, sauf à assumer de nombreuses victimes civiles.

À Kaboul, la situation sécuritaire est relativement stable comparée à la forte dégradation observable dans le reste du pays. La capitale est, avec le Panchir et le Nangarhar, l'une des trois provinces du pays non soumises à un couvre-feu pour raisons sécuritaires. Des actions continuent cependant d'y être menées, avec notamment des assassinats ciblés, des attaques de check points à la grenade ou des tirs de roquettes visant des sites gouvernementaux, mais aucune offensive ne semble en préparation.

Vendredi 6 août 2021, alors que tous les regards sont tournés vers les provinces stratégiques d'Herat, de Helmand et Kandahar, où des renforts massifs sont dépêchés, les talibans entrent dans Zaranj, capitale de la province de Nimroz, située dans l'Ouest, à la frontière avec l'Iran. Ils ne rencontrent aucune résistance et s'emparent de plusieurs sites stratégiques de la ville. Des exécutions sommaires de membres des forces de sécurité sont rapportées, alors que des centaines d'habitants fuient vers l'Iran, suivis ou précédés par des soldats afghans qui désertent le théâtre des opérations. Quelques heures après la prise de Zaranj, des scènes de liesse populaire sont observées, la population locale fait bon accueil aux insurgés et arbore même l'étendard de l'Émirat islamique d'Afghanistan, le drapeau taliban.

Le lendemain, au nord du pays, c'est au tour de la ville de Sheberghan, bastion du maréchal Abdul Rachid Dostom, de l'ethnie ouzbek, ancien vice-président d'Ashraf Ghani et ennemi juré des talibans, de tomber aux mains des insurgés talebs. Là encore, la population assiste aux combats sans aucune velléité de résistance.

Suivent d'autres villes importantes : Kunduz, Sar-é Pol, ou encore Taloqan, où les insurgés libèrent les détenus de la prison. À Herat, troisième ville du pays, dans l'Ouest, l'offensive des talibans semble avoir été repoussée. Mais dans le Sud, à Lashkar Gah, des batailles intenses opposent toujours les forces afghanes aux talibans, déployés partout dans la ville. La population a été invitée à évacuer en prévision d'une contre-attaque de l'armée afghane et de frappes aériennes sur les positions des insurgés, cependant beaucoup n'ont pu quitter la ville, ne sachant où aller. Le bilan humain s'annonce très lourd. À Kandahar, enfin, la situation autour de la deuxième ville du pays inquiète les autorités afghanes. Sa prise par les talibans serait une perte irréversible pour le contrôle du sud du pays. Elle ouvrirait la voie, comme en 1995, à une offensive sur Kaboul. L'étau sur la ville finit par se desserrer après plusieurs jours de confrontation, mais des frappes aériennes auront été nécessaires pour contrer les insurgés qui ont détruit les structures de l'aéroport et se sont disséminés dans les faubourgs de la ville.

À l'issue de cette Blitzkrieg du week-end, six capitales provinciales sont tombées. Les forces régulières tentent alors de reprendre ces zones avec l'appui des moyens aériens américains, les bombardiers B-52 à long rayon d'action, qui assurent des rotations quotidiennes depuis les pays du Golfe. Si l'engagement des B-52 permet de ralentir ou de contenir l'avancée des talibans dans des endroits où les combats sont toujours en cours, il ne permet pas de les déloger des villes qu'ils ont saisies et qui leur servent de bouclier contre des frappes aériennes qui s'avéreraient plus destructrices pour les populations civiles.

Le lundi 9 août 2021, Ashraf Ghani réunit les dirigeants et seigneurs de guerre les plus influents du pays pour former un « commandement central et conjoint des forces du soulèvement public », formule pompeuse pour dire que l'objectif est de mobiliser et d'équiper les populations à travers tout le pays. Une incitation au soulèvement populaire pour contrer et repousser l'offensive des talibans. Cette réunion intervient alors que les déclarations du président américain sont sans ambiguïté : « La mission militaire US en Afghanistan se terminera le 31 août. Il appartient désormais aux forces de sécurité afghanes de défendre le pays ainsi qu'au peuple afghan de décider de son avenir. Les États-Unis n'enverront pas une autre génération de soldats américains dans ce conflit. » Le gouvernement afghan n'a désormais plus le choix, il doit trouver des solutions internes et fédérer l'ensemble des acteurs de la scène afghane – ce qu'il n'avait jamais été capable de faire jusqu'à présent.

Le mardi 10 août 2021, dans le Nord, c'est la province de Balkh qui cristallise l'attention. La pression des talibans dans cette région stratégique, à la frontière du Tadjikistan, a permis aux insurgés de s'approcher de sa capitale, Mazar-é Charif, la quatrième ville du pays, qui compte plus de 600 000 habitants, dont une importante communauté chiite. L'annexion de la ville permettrait aux talibans de prendre le contrôle d'un important carrefour commercial et des 1 300 kilomètres de frontières au nord. Cette zone stratégique est aussi le symbole de la résistance aux talibans. En 1998, l'Alliance du Nord du commandant Massoud s'y était regroupée pour mener le combat contre le mouvement taleb. Les talibans s'étaient emparés de la ville et avaient massacré plus de 5 000 Afghans chiites de l'ethnie hazara. En 2001, lors de la reconquête de la ville, 2 000 prisonniers talebs avaient été capturés et enfermés des jours durant dans des containers, où ils étaient morts asphyxiés, quand ils n'avaient pas été exécutés par les troupes du maréchal Dostom. Ces épisodes restent gravés dans les mémoires et nourrissent de vives rancœurs de part et d'autre.

La progression des talibans se poursuit également dans le centre de l'Afghanistan, où la province de Baghlan connaît d'importants affrontements, notamment dans le district d'Andarab, où se trouvent le col de Salang et le tunnel routier qui relie le Nord au Sud-Est, et principalement à la province de Kaboul. La chute de ce point nodal offrirait aux talibans le contrôle de la plus grande voie commerciale du pays et restreindrait considérablement l'acheminement de moyens humains et matériels dans les deux sens.

La situation devient particulièrement instable dans le pays, et Kaboul et ses environs font face à un afflux massif de réfugiés. Des centaines de familles fuient pour échapper aux violences dans le Nord et s'installent dans des tentes de fortune, dans les faubourgs de la ville ou dans les parcs du centre-ville. Ce sont les populations locales qui leur viennent en aide. Le gouvernement semble dépassé par les événements.

Dès le mercredi 11 août 2021, plus d'un tiers des trente-quatre provinces afghanes tombe aux mains des talibans. Forts de cette dynamique de succès, ils appellent les autres capitales de province à déposer les armes et à se rendre, alors que des rumeurs suggèrent que les Américains auraient demandé au président afghan de quitter le pouvoir. Cependant, à Kaboul, l'optimisme domine encore et la communauté internationale ne s'attend pas, à court terme, à des combats dans la région et dans la capitale.

Mais, ce jour-là, les événements se précipitent. Dans le Nord, à Mazar-é Charif, la situation devient confuse. La veille, le président Ghani s'y est rendu pour lancer une contre-offensive et repousser les talibans des territoires qu'ils viennent de conquérir. Un renfort de 5 000 soldats est arrivé et le commandement unifié de l'armée régulière et des milices locales a été confié au maréchal Abdul Rachid Dostom, préféré à son opposant de toujours, le maître de Mazar-é Charif, Mohammad Atta Nour. On croit à cet instant au retour de la légendaire Alliance du Nord, mais c'est compter sans les rivalités et tensions entre ces deux seigneurs de guerre. La concorde ne tient pas vingt-quatre heures. Au lendemain de sa nomination, le maréchal Dostom claque la porte et part se réfugier en Ouzbékistan. J'observe la situation avec beaucoup de perplexité. Ces défections sont de mauvais présages. J'y vois un tournant dramatique.

À Herat, où les forces de sécurité ont repris le dessus, les talibans envoient des renforts massifs. J'ai un ami sur place : Semaj, un jeune général, chef du NDS[1], les services secrets afghans, pour la province d'Herat. Il est

1. National Directorate of Security.

en première ligne des combats contre les talibans et nous échangeons régulièrement par messages WhatsApp. « Les talibans déferlent. Nos hommes ne manquent pas de courage, mais nous sommes débordés. Nous essayons de tenir. »

J'ai rencontré Semaj à Paris en 2012. Étudiant à Sciences Po, il avait participé en tant que traducteur interprète au programme de formation des vice-gouverneurs afghans que je pilotais pour le compte du ministère de l'Intérieur. Il avait rencontré son épouse en France, où elle faisait ses études. Lorsqu'il avait décidé de retourner en Afghanistan, où l'attendait un bel avenir à la Direction nationale du renseignement afghan, son épouse avait préféré rester en France avec ses parents originaires du Tadjikistan.

Semaj fait partie de cette brillante jeunesse afghane formée dans les plus grandes écoles étrangères, et dotée d'une vision politique et stratégique. Cette génération serait incontestablement l'élite de l'Afghanistan de demain si l'Occident cessait de promouvoir et de soutenir les caciques d'un régime qui, en vingt ans, n'a construit qu'un château de sable que je regarde maintenant, impuissant, s'effriter sous les assauts des vagues sanguinaires de l'obscurantisme.

Semaj est un jeune homme remarquable d'intelligence et de culture. Une belle âme, pétrie d'humanité et de bonté, que l'on ne devine pas à travers des traits durcis par une épaisse barbe, noir de jais, avec un regard tout aussi sombre, et acéré. Il en impose par sa prestance et son flegme, qui lui donnent les allures d'un prince du Rajasthan ou d'un lord anglais « au service de Sa Majesté ». Sa gravité peut passer pour de la froideur, mais elle reflète le monde dans lequel Semaj a grandi, celui de la guerre perpétuelle.

Dans ses messages, il me dépeint l'âpreté de ces trois semaines de combats et, malgré son ton déterminé, je perçois sa lassitude. Au cours d'une attaque, une roquette touche son véhicule. Il échappe de peu à la mort.

Dans la soirée de ce mercredi fatidique, Semaj et ses hommes du NDS sont encerclés. Policiers et soldats afghans déposent les armes face aux talibans. Il m'adresse un court texto de remerciements pour mes messages de soutien durant ces épreuves, puis c'est le silence. Mon cœur se serre. Son message sonne comme un adieu, les derniers mots de celui qui s'apprête à livrer son ultime bataille.

Je suis à la fois inquiet et résigné. C'est un soldat, il sert son pays. Je sais qu'il fera son devoir, mais au fond de moi je ne peux m'empêcher de penser que son sacrifice serait une perte cruelle et un immense gâchis. Les dirigeants de ce pays ne méritent pas le courage, le sens de l'honneur de ces hommes, ils ne possèdent pas une once de leur dignité et de leur éclat.

Que dire alors de la population étrangement apathique qui n'offre aucune résistance ? Par endroits, les habitants, après s'être retranchés chez eux, fêtent les combattants talebs et n'hésitent pas à arborer le drapeau blanc et noir de l'Émirat islamique d'Afghanistan. En réalité, je ne suis guère surpris. J'observe depuis cinq années ce peuple libéré du joug des talibans, d'un islam radical, nationaliste, qui encageait les femmes et entravait les esprits. C'est une société patriarcale, imprégnée d'un islam fondamentaliste, qui s'offre à mes yeux. Seul l'hyper-centre de Kaboul, quelques rues tout au plus, présente les signes d'une modernité artificielle. On y croise des gens vêtus à l'occidentale, des femmes apprêtées – de leur foulard s'échappent des mèches de cheveux qui tombent sur des visages maquillés, sous le regard réprobateur, le jugement hypocrite des hommes. Les téléphones portables sont dans toutes les mains, les réseaux sociaux explosent, la musique résonne et les séries indiennes que les Afghans dévorent à longueur de journée envahissent les écrans de télévision.

Ailleurs, à quelques encablures du centre-ville, dans les faubourgs de la capitale et dans les provinces, c'est un autre monde, celui où les fillettes ne vont plus à l'école dès l'âge de treize ans et sont mariées à quinze, et où les femmes sont intégralement voilées et accompagnées d'un homme pour leur moindre déplacement.

Il me revient cette conversation que j'eus avec un Afghan, un jour que je me promenais dans Chicken Street, la mythique rue commerçante de Kaboul, celle des marchands de tapis, d'étoffes, de bijoux et d'autres bibelots, naguère fréquentée par les Occidentaux, puis délaissée, sauf des quelques étrangers qui comme moi osaient encore s'y aventurer. Dans une boutique, l'Afghan m'aborda. Il s'étonnait de ma présence. Il me paraissait cultivé et parlait anglais.

« Vous savez, me dit-il, nous, les Afghans, on ne va pas bien.

– Tant qu'il y aura la guerre en Afghanistan, la vie sera difficile, acquiesçai-je.

– Avec ou sans guerre, c'est pareil. Le gouvernement ne fait rien pour le peuple. Il ne nous aide pas. Les politiciens mettent l'argent dans leurs poches.

– Mais vous pouvez changer le gouvernement. Il y a des élections bientôt. »

Il se mit à rire et me regarda droit dans les yeux, avec une expression amère. « Mais c'est vous qui faites les élections. C'est vous, les étrangers, qui occupez notre pays et qui choisissez qui doit le diriger. C'est vous qui gouvernez et permettez à ces gens de s'enrichir avec l'argent que vous donnez et qu'on ne voit jamais. »

Je me risquai à un commentaire peu amène : « La situation n'est pas idéale, mais elle est quand même mieux qu'avec les talibans. »

Sa réponse me revint comme un boomerang : « Nous n'avons pas peur des talibans. Avec eux au moins, tous les Afghans mangeaient à leur faim et, croyez-moi, c'est ce qui compte le plus pour un père de famille. »

Sa réplique sans équivoque réveilla le malaise qui m'habitait depuis que j'évoluais au sein de la société afghane : les mentalités n'avaient pas changé. Elles s'appuyaient, encore et toujours, sur le même socle sociétal que celui des talibans.

La fin annoncée

Kaboul, 12 et 13 août 2021

Jeudi 12 août 2021, j'émerge d'une nuit agitée, passée à ressasser les derniers messages de Semaj et les événements des jours précédents. Je pressens que nous sommes au bord d'un abîme, je redoute ce qui vient. Les premières lueurs de l'aube, l'appel du muezzin et les klaxons des voitures me poussent hors du lit. Kaboul se réveille sous un ciel limpide, dans une insouciance apparente, tandis que les réseaux sociaux et les chaînes d'information relaient la même actualité anxiogène à travers tout le pays : la prise de contrôle des prisons, des quartiers généraux sécuritaires, des gouvernorats, des aéroports. Les forces afghanes se retirent des centres urbains et se regroupent pour préparer une contre-offensive. Mais, sans renforts de la capitale, elles finissent par se rendre ou par fuir, en abandonnant armements et blindés aux insurgés. À Ghazni, capitale d'une province dans le Sud, le gouverneur et le chef de la police ont négocié leur reddition contre leur liberté. Tous les deux ont pu quitter la ville sous l'escorte des talibans. Une fois rendus dans la province voisine, ils ont été arrêtés par la police pour haute trahison.

Les yeux rivés à mon téléphone portable, je lis les posts qui défilent sur Twitter. Ils annoncent la chute, les unes après les autres, des grandes villes. Herat, Lashkar Gah, Kandahar, villes emblématiques, sont en train de tomber, ce n'est plus qu'une question d'heures. L'accélération des événements pousse les plus nantis à se ruer sur les billets d'avion pour fuir le pays. Les ambassades des États-Unis, du Royaume-Uni et de l'Allemagne exhortent leurs ressortissants à quitter l'Afghanistan au plus vite.

À l'ambassade de France, c'est sans grande surprise que nous vivons les événements. Ce que nous avions anticipé depuis des mois est en train de se réaliser, mais à une vitesse inattendue. Il faut accélérer les procédures de conditionnement du matériel qu'il nous reste à emporter, et surtout détruire le réseau de communication et les documents sensibles. Nous sommes prêts à évacuer les lieux dès que l'ordre en sera donné, mais au préalable il faut tenter de récupérer les derniers ressortissants français restés dans le pays malgré les appels au départ de l'ambassade.

Nous sommes en effectif réduit – certains personnels expatriés ont rejoint la France pour quelques jours de congé et doivent rentrer à Kaboul incessamment, d'autres sont partis et ne reviendront pas. Mais il faut bien tenir la « maison », et dans ce contexte j'endosse la charge du consul, responsable de la communauté française. En cette fin de matinée du 12 août 2021, j'adresse mon premier message aux ressortissants français, en leur recommandant instamment de quitter le pays dès que possible par les liaisons aériennes, qui peuvent être interrompues à tout moment. Deux cent quarante personnes sont inscrites au registre des Français en Afghanistan et répertoriées sur le fil d'Ariane[1]. Je reçois plusieurs réponses. La majorité des Français sont déjà partis ou sur le point de le faire. Quelques-uns tergiversent encore. Ils jugent la capitale bien protégée. Ils ne croient pas qu'elle tombera comme les autres villes provinciales.

Pendant ce temps, Thomas, l'adjoint de l'ambassadeur, enchaîne les réunions avec ses homologues étrangers. Ces derniers jours, il court sans arrêt. Aux sens propre et figuré. Thomas pratique assidûment la course à pied et se prépare chaque année pour le marathon de Paris sur les tapis de course au sous-sol de l'ambassade. Mais ce « marathon de Kaboul » sera plutôt une course d'obstacles pour la diplomatie internationale.

Il nous tient informés au fil des décisions. C'est peu dire que l'ambiance est au pessimisme. La représentation diplomatique américaine ne maintient que son personnel essentiel et consulaire et va s'installer sur la base de l'OTAN, dans la partie militaire de l'aéroport. Des rumeurs affolantes font état de la pendaison par les talibans de deux interprètes afghans qui travaillaient pour une ambassade étrangère. Six mille soldats américains vont être déployés en plus des 650 militaires déjà présents à l'aéroport pour encadrer les opérations d'évacuation.

Les Britanniques transfèrent eux aussi leur ambassade à l'aéroport et renforcent leur sécurité avec l'envoi de 600 soldats britanniques à Kaboul. Les Turcs, chargés de la sécurité de l'aéroport, font savoir que leurs militaires ne se mobiliseront pas pour défendre la capitale. De nombreuses ambassades sont confrontées à la

1. L'application Ariane permet aux voyageurs français qui se rendent à l'étranger de communiquer des données relatives à leur séjour. Elle les tient informés en cas de crise grave.

problématique des personnels afghans qu'elles emploient et souhaitent mettre en place des procédures d'évacuation en s'inspirant de la France, qui a depuis longtemps exfiltré l'ensemble de ses collaborateurs afghans et leurs familles. Les délais de plus en plus courts et les aspects sécuritaires, qui évoluent d'heure en heure, rendent difficiles ces opérations. Très critiquée au printemps, l'expertise française est maintenant recherchée.

Paradoxalement, à Doha, les discussions intra-afghanes entre les deux équipes de négociation se prolongent sous l'égide de plusieurs délégations étrangères. La déclaration finale se veut optimiste, mais n'engage à rien : elle affirme la « non-reconnaissance, par la communauté internationale, d'un gouvernement imposé par la force armée ». Pas vraiment de quoi impressionner les talibans ni les dissuader de poursuivre leur marche en avant vers une victoire historique dont ils écrivent tous les jours un nouveau chapitre.

Dans la soirée, les capitales d'Herat, Lashkar Gah, Kandahar tombent définitivement aux mains des insurgés, suivies de Ghazni, Badghis et Ghor, portant à quinze le nombre des capitales provinciales désormais sous contrôle taliban. De jour en jour, d'heure en heure, le sort de l'Afghanistan se scelle un peu plus, tel un tombeau. La prise de villes aussi importantes est un choc considérable et crée une peur irrépressible chez les Afghans. Dans la communauté internationale, c'est la stupéfaction. Les responsables militaires occidentaux les plus expérimentés estiment dorénavant que la prise de Kaboul n'est plus une question de mois, mais de jours.

Je consulte régulièrement mon téléphone dans l'espoir d'y trouver un message de Semaj, mon ami général à Herat. Je suis sans nouvelles depuis notre dernier échange. Je ne me fais guère d'illusions sur son sort. La ville a été prise par les talibans et des témoignages d'exécutions sommaires de soldats et de policiers afghans nous parviennent des zones de combat.

Contre toute attente, je reçois un message : « Je suis sain et sauf, nous sommes aux mains des talibans. Je ne sais pas ce qu'ils veulent faire de nous. Mais plus rien n'a d'importance à présent. » Lui qui ne partage jamais ses opinions se laisse aller à dire, désabusé, que la guerre est perdue. Sa seule obsession maintenant, c'est de quitter le pays. De retrouver sa femme en France, s'il parvient jamais à rejoindre Kaboul.

Le lendemain, il m'annonce que ses hommes et lui vont probablement être libérés. Cette clémence est inhabituelle de la part des talibans, je n'y crois qu'à moitié. Puis, dans la nuit, ils mettent Semaj dans un avion pour Kaboul, avec d'autres cadres, en lui ordonnant de rentrer chez lui et de se tenir prêt à répondre à toute convocation. Visiblement, le nouveau pouvoir taliban espère compter sur l'expertise des anciens cadres dirigeants et utiliser les compétences de ceux qu'ils ont choisi d'épargner. Semaj fait partie de ceux sur qui les talibans misent pour assurer la transition de l'appareil sécuritaire afghan.

Ce vendredi 13 août 2021, Mazar-é Charif et Kunduz, où les espoirs de la nouvelle Alliance du Nord se sont effondrés, sont sur le point de passer sous l'autorité des talibans. Sur le plan politique, les discussions ont repris à Doha pour tenter d'arracher un cessez-le-feu, alors que les combats se propagent et s'intensifient. Les représentants du gouvernement afghan se résignent et lâchent le président Ghani, devenu depuis longtemps le principal obstacle à un accord pour une transition politique pacifique.

À Kaboul, c'est jour de prière et les rues sont vides

comme tous les vendredis, mais un silence et un calme inhabituels traversent la ville. Les gens ne sortent pas de chez eux, sauf pour se rendre dans les mosquées, où les fidèles se pressent mais ne s'attardent pas. À ce climat pesant s'ajoutent les images des réseaux sociaux qui commencent à montrer des combattants talibans aux portes de la ville. À l'ambassade, nous sommes accaparés par les préparatifs de l'accueil des ressortissants français qui pourraient venir se réfugier dans nos locaux. Le mot d'ordre : tenir tant que la situation sécuritaire le permet.

Derniers transferts

Kaboul, samedi 14 août 2021

Ce samedi, des norias d'hélicoptères américains se succèdent toute la journée et une bonne partie de la nuit pour transférer les personnels de l'ambassade des États-Unis, mais aussi ceux d'autres représentations diplomatiques qui quittent la Green Zone pour l'aéroport. L'atmosphère devient irréelle, comme si nous progressions dans un brouillard épais et que le sol allait se dérober sous nos pieds. Tant de choses nous échappent. Je sens qu'elles nous échapperont un peu plus à chaque nuit qui finit, à chaque jour qui commence.

Semaj est arrivé d'Herat le matin même. Dans la soirée, je le récupère au check point de Zambaq[1], à une centaine de mètres de l'ambassade.

Il ne veut pas, et ne doit pas être reconnu. Personne ne doit savoir qu'il s'est rendu ici. Ma présence lui permet de ne pas avoir à montrer de papiers d'identité pour franchir le barrage.

1. Le check point de Zambaq contrôle et protège l'accès au palais présidentiel, au quartier général de l'OTAN, au ministère des Affaires étrangères et à de nombreuses ambassades étrangères de la Green Zone, dont celle de France.

Il me sourit, mais ses yeux sont éteints. Amaigri, les traits tirés, il semble épuisé physiquement et moralement. Ses premiers mots révèlent toute son amertume et sa colère contre le pouvoir, qui s'est montré intransigeant, aveugle et sourd face à la catastrophe annoncée. « Tout est fini, Mo… Plus personne ne veut se battre. Il n'y a plus de résistance. » Il me raconte ce qu'il a vécu sur le front d'Herat : la désertion des militaires et policiers, sa reddition contre la vie sauve de ses hommes, un interrogatoire moins brutal qu'il ne le craignait, l'injonction des talibans à se tenir à leur disposition ici, à Kaboul, alors que le gouvernement légitime est toujours en place. Aujourd'hui, à trente-quatre ans, Semaj n'aspire plus qu'à partir. À laisser derrière lui un pays qui, depuis sa naissance, lui offre la guerre pour seul horizon.

« Nous avons tout perdu. J'ai donné ma démission. Ce pays n'a plus d'avenir. Je pars demain après-midi pour Paris », me dit-il en me faisant part de sa rage mêlée de désespoir. Puis il ajoute : « Je n'ai pas de regrets. J'ai fait mon devoir, et je l'ai fait jusqu'au bout. »

Il a trouvé une place à bord d'un avion de la compagnie Emirates. C'est inespéré. Les prix des billets d'avion ont triplé depuis quelques jours, réduisant d'autant la demande. Nous nous quittons avec émotion, en nous promettant de nous revoir bientôt en France. « Je n'oublie pas tout ce que tu as fait pour moi, Mo. Nous nous reverrons, pour une nouvelle vie », me dit Semaj avant de disparaître en traversant le check point dans l'autre sens – un général à la démarche lasse, que la sentinelle regarde passer sans vraiment le voir.

Au cours de la nuit, les talibans s'emparent de la prison de Pul-e-Charkhi, une forteresse quasi imprenable à

20 kilomètres de Kaboul, et libèrent ses 15 000 détenus, qui viennent grossir les rangs des insurgés, désormais aux portes de la capitale, et du pouvoir.

La chute et la terreur

Kaboul, dimanche 15 août 2021

Il est 4 h 30 du matin ce dimanche 15 août 2021. Impossible de dormir : tout se précipite, non seulement au-dehors, dans les rues de Kaboul et dans ce pays dévasté, mais aussi dans ma tête qui, la fatigue aidant, ressasse plus qu'elle ne pense. Je pressens un seuil, un renversement tragique. Et, dans le même temps, l'irréalité de ce que nous vivons me pousse parfois à me demander si je ne suis pas sur le point de me réveiller, loin de cette folie qui nous enserre. Toute la nuit, j'ai suivi l'actualité sur les réseaux d'information qui déroulent minute par minute le fil hallucinant des événements. Les premières unités talibanes sont signalées dans les faubourgs de la ville. L'ambassade est encore endormie, du moins en apparence, car personne ne s'est véritablement couché. C'est une journée cruciale et dramatique qui s'annonce pour le peuple afghan. Un bain de sang peut-être aussi, que cette fois personne ne pourra empêcher.

La capitale se réveille dans l'incertitude. Les nouvelles circulent rapidement et le pouvoir fait face à de nombreuses défections au sein des appareils politique et sécuritaire. La population est dans un état de sidération et les rues, habituellement très animées dès l'aube, sont désertes. Sur les réseaux sociaux, les communications ralentissent. Seul le pouvoir tente de donner le change en diffusant des informations contradictoires sur la maîtrise de la situation.

Le chef de l'État affiche une posture martiale et une détermination à rester coûte que coûte à son poste, effet de manche qui dure le temps d'une matinée. Dans l'après-midi, il n'est déjà plus là. Il a quitté le pays dans la plus grande discrétion, avec la plupart de ses ministres.

L'information se répand comme une traînée de poudre. Il n'y a plus personne aux commandes de l'État afghan. Les fonctionnaires désertent leurs administrations, tandis que militaires et policiers abandonnent dans la panique leurs postes, leurs casernements et leurs véhicules à des talibans qui paradent déjà dans la ville, étendard de l'Émirat islamique au vent. Ils investissent les rues, sans avoir à combattre, sous les regards incrédules des passants qui filment ces combattants talebs, en apparence tout aussi surpris d'être là.

La veille, l'ambassadeur de France, David Martinon, est rentré précipitamment de ses vacances, où il goûtait aux douceurs de la vie de famille, loin de la guerre et de cette pression intense qui vous broie chaque jour un peu plus, vous torture insidieusement. Il est revenu en connaissant les risques de cette situation incontrôlable, pour accomplir son devoir, en digne représentant de la France. Mais peut-être plus encore il nous a rejoints parce qu'il se sent responsable des personnels de l'ambassade, parce qu'il veut être présent à nos côtés dans l'un des moments les plus délicats de l'histoire de chacun, et pour mettre à l'abri ceux qui peuvent l'être, tant qu'il en est encore temps.

L'ambassade américaine, qui dispose de moyens considérables, invite toutes les représentations diplomatiques qui ne l'ont pas encore fait à regagner sans délai le lieu d'envol des hélicoptères, situé dans la Green Zone, pour un transfert vers la partie militaire de l'aéroport, la base de l'OTAN, où les ambassadeurs pourront s'installer pour diriger leurs opérations d'évacuation. Le temps presse : dans quelques heures, la sécurité de la zone diplomatique ne sera plus assurée. Il n'y a déjà plus de sentinelles devant l'ambassade de France. Elles sont parties en abandonnant armes et uniformes dans la guérite du check point de Zambaq.

Ce matin encore, plusieurs agents de notre ambassade ont pu prendre un vol de la compagnie Turkish Airlines. Ce sera le dernier avant que les autres compagnies ne décident de suspendre les liaisons aériennes. Dès l'après-midi, des agents qui, comme l'ambassadeur, revenaient de France à bord d'un vol de la compagnie Emirates, ont vu l'appareil faire demi-tour et retourner à Dubaï. De nombreux ressortissants français avaient prévu de prendre cet avion pour quitter l'Afghanistan. Ils sont contraints de changer leurs plans et de venir se réfugier à l'ambassade de France, car en ville la panique grandit et la peur s'empare des esprits.

Mon téléphone n'arrête pas de sonner, des dizaines d'appels et de témoignages affluent et me racontent la même détresse. Semaj est pris dans la tourmente. Son avion est annulé, il doit revenir à Kaboul. Mais où peut-il aller ? Dans la matinée, les talibans sont passés chez lui, ont fouillé sa maison. Impossible d'y retourner. Il a évité de peu une arrestation, et elle aurait sans doute été plus dramatique que celle d'Herat. Il doit maintenant rejoindre l'ambassade au plus vite, mais les rues ne sont pas sûres et le désordre règne partout, y compris au check point de Zambaq, qui est probablement déjà contrôlé par les talibans. Je sors avec mon Toyota 4 × 4 blanc et poussiéreux, qui passe inaperçu au milieu d'autres véhicules semblables. La circulation est totalement bloquée par des centaines de voitures surchargées jusqu'aux toits qui tentent de rejoindre l'aéroport. Je me fraie tant bien que mal un chemin à contresens de la circulation au milieu des klaxons et des cris des badauds qui hèlent les taxis bondés, tous pris d'assaut. Je parviens à récupérer Semaj au milieu du chaos et comprends, à cet instant, que la seule issue pour rejoindre l'aéroport est la voie des airs. Semaj fixe un point invisible dans le ciel, sa voix se brise : « Tu vois, je te l'avais dit, les talibans n'ont même pas eu à se battre pour prendre Kaboul… Nous revenons vingt ans en arrière. Quand notre pays sera-t-il libre à nouveau ? »

L'ordre est donné d'évacuer l'ambassade de France, mais des ressortissants français sont en chemin et nous ne pouvons pas partir sans eux. Des Afghans, titulaires de visas pour la France, ont aussi vocation à partir avec nous, même s'il s'agit d'une exception, car à ce moment-là notre principale et unique mission est d'évacuer les ressortissants français. Les Afghans qui devaient être exfiltrés, nos personnels et leurs familles, l'ont déjà été au cours des mois précédents.

Il faut impérativement lancer les évacuations pour ne pas être pris par le temps. L'ambassadeur doit partir au plus vite avec les autres diplomates et personnels pour installer le dispositif français dans la base OTAN de l'aéroport, sur le site du groupe d'électronique français Thales, chargé de fournir des services de communication sécurisés aux forces de l'OTAN en Afghanistan. Depuis ce site, l'ambassadeur pourra coordonner les opérations françaises avec Paris et les autres ambassades étrangères qui se sont également repliées sur la base.

En fin de matinée, l'ambassadeur part en hélicoptère, en laissant derrière lui une équipe de secours afin de poursuivre l'accueil des Français et des Afghans qui arrivent en ordre dispersé. Si tout se passe bien, nous aurons récupéré tout le monde en fin d'après-midi et nous pourrons rejoindre le soir même l'aéroport.

Dans l'après-midi de ce dimanche 15 août, une trentaine de ressortissants français et européens sont acheminés par un détachement de policiers français vers l'ambassade américaine pour être transportés à l'aéroport. Parmi eux, l'ambassadeur de la délégation de l'Union européenne, qui a trouvé refuge à l'ambassade de France. Ces personnes bénéficieront pour la plupart de vols militaires américains vers Doha, avant la mise en place par la France de son propre dispositif militaire, l'opération Apagan, avec les moyens aériens de la base française d'Al Dhafra, aux Émirats arabes unis, et des forces spéciales venues de France.

Les ressortissants afghans, pourtant intégrés aux opérations d'évacuation, ne peuvent pas partir tout de suite. Les Américains n'ont pas prévu de les transporter dans leurs hélicoptères et nous devons attendre leur autorisation. Les personnes qui se présentent sont accueillies dans la partie la plus protégée, où se trouvent les bureaux et les hébergements des agents de l'ambassade. J'ai bon espoir que nous parviendrons à emmener tout le monde avec nous en fin d'après-midi, soit près de 80 personnes au total, françaises, étrangères et afghanes, réfugiées au sein de l'emprise diplomatique française. Toutes devraient être prises en charge : les titulaires d'un passeport français, les ressortissants des pays de l'UE et alliés de l'OTAN, les Afghans munis d'un visa pour la France, ou encore les personnes dites « d'intérêt » signalées par le Quai d'Orsay et répertoriées sur des listes, qui ne cessent de s'allonger.

J'ai pu mettre Semaj en sûreté dans notre enceinte, mais il n'est pas tranquille. Des responsables talibans l'appellent et le traquent sur son téléphone portable. Ils lui demandent de regagner immédiatement son domicile. Ils ignorent où il se trouve et, heureusement, il a troqué son smartphone contre un simple téléphone à clavier qui ne permet pas de le géolocaliser.

Il n'est pas le seul à être dans le collimateur des talibans. Daïr, un jeune capitaine des forces d'intervention qui nous avait informés de l'attaque de la prison de Pul-e-Charkhi, est en fuite lui aussi et sollicite notre aide. C'est un membre de la CRU 222 (Crisis Response Unit), l'unité nationale d'intervention, l'équivalent du RAID (Recherche, assistance, intervention, dissuasion) en Afghanistan. Il n'a pas encore trente ans et cela fait déjà douze ans qu'il est entré à la CRU 222 – une éternité pour ce service où l'espérance de vie est faible. La CRU 222, qui compte 500 hommes, a perdu près de la moitié de ses effectifs en quinze ans d'existence. Daïr est rentré à Kaboul depuis quelques semaines, après avoir achevé un cursus de formation à l'Académie royale militaire de Sandhurst, qui forme les officiers du Royaume-Uni. Il a connu les assauts les plus sanglants, en a toujours réchappé. Il est devenu l'un des membres les plus capés de son unité.

Yrollam fait lui aussi partie de l'élite. Il est francophone et appartient à l'ethnie hazara, des chiites aux traits asiatiques que la légende présente comme des descendants des armées de Gengis Khan. Il est un responsable important du National Security Council (NSC), un organe placé auprès du chef de l'État et qui chapeaute les appareils sécuritaires du pays. Je l'ai rencontré en même temps que Semaj. Il a suivi un parcours similaire au sien : l'ENA en auditeur libre, fonctions importantes dans l'administration afghane, un politique un temps pressenti pour devenir vice-ministre. Son épouse, salariée de l'ambassade détachée à l'Institut français d'Afghanistan, a été envoyée en France dès le mois de mai.

Les talibans sont prêts à tout pour les trouver et les arrêter. Et les exécuter sommairement. C'est une question de temps. Leur sécurité est maintenant entre nos mains.

Le canal de Roubaix

Mars 1980

Ce jour de mars 1980, la soirée était bien avancée, je marchais à pas rapides sur les traverses des rails du chemin de fer qui longeaient les hangars de la petite usine sidérurgique de la commune de Lannoy, dans le Nord. Il faisait froid et je frissonnais. Nous étions début mars, mais l'hiver persistait. Il était presque 22 heures et je devais reprendre mon travail à 5 heures. Il fallait que je dorme quelques heures pour assurer les travaux pénibles qui m'attendaient. Dans la pénombre, les résidus de limaille d'acier scintillaient et crépitaient sous mes pieds. C'était beau à voir, agréable à entendre, mais ils étaient tranchants, ces morceaux de ferraille. Je devais prendre garde à ne pas tomber.

J'arrivai au bout de la voie et m'engageai sur le chemin de halage du canal, dans lequel se déversaient les eaux usées de la teinturerie voisine. Les odeurs pestilentielles des eaux et de la boue sombres montaient jusqu'à mes narines.

Dire que, gamin, je jouais dans ce marigot, sur des bateaux de fortune que l'on fabriquait avec des matériaux de récupération. Les gens jetaient n'importe quoi dans ce petit canal et il n'était pas rare que l'on se blesse avec des objets coupants qui gisaient au fond, sous la terre noirâtre.

J'avais galéré pour trouver ce boulot à La Lainière de Roubaix, je ne pouvais me permettre de le perdre. J'étais intérimaire et la moindre minute de retard pouvait se solder par une fin de contrat. J'arrivais toujours une demi-heure à l'avance, pour être sûr de ne pas me rater et pour montrer ma motivation. Il fallait en passer par là pour espérer, peut-être un jour, un véritable contrat, même si je savais que cela n'arriverait probablement jamais.

Ce soir de mars 1980, j'étais insouciant comme tous les jeunes de dix-huit ans. Je sortais de chez Marie-Christine, ma petite amie, ma future femme, avec qui je passais toutes mes soirées. Je rentrais chez moi en empruntant cette voie ferrée désaffectée qui ne servait plus qu'aux trains de marchandises transportant les tonnes d'acier qui entraient et sortaient de l'usine sidérurgique. Ce chemin était un raccourci. Je l'empruntais régulièrement depuis que l'on m'avait volé ma mobylette, quelques semaines plus tôt.

Je me trouvais à une centaine de mètres de mon domicile, sur le chemin qui bordait le canal. Un fourgon de police stationnait au niveau du petit pont de bois, que je devais traverser pour rejoindre ma rue.

Trois policiers en descendirent et se dirigèrent vers moi. Je plongeai la main dans la poche de mon blouson pour saisir ma carte d'identité. Les contrôles de police étaient fréquents et il fallait être prompt à sortir ses papiers. Je ne perçus pas tout de suite l'anomalie de la situation et l'expression hostile de leurs visages, je vis seulement que l'un des policiers boitait très bas.

Je n'eus pas le temps de présenter ma carte d'identité. Un policier me saisit au cou, et les deux autres se mirent à me frapper violemment. Les coups s'abattaient sur moi dans un flot d'insultes racistes. Je n'essayai pas de me défendre, je criai tant que je pus que je n'avais rien fait. Quelques dizaines de secondes plus tard, j'étais couché à plat ventre dans le fourgon de police, les mains menottées dans le dos, au pied de deux policiers qui continuaient à m'assener des coups avec le talon de leurs épaisses chaussures.

J'étais terrorisé, je ne comprenais pas ce qui motivait ce déchaînement de violence. Une seule chose m'obsédait : je devais rentrer chez moi, aller travailler le lendemain. Mais je n'osais plus parler, chaque protestation entraînait de nouvelles salves de coups.

Le fourgon s'arrêta devant le commissariat. J'en fus extrait brutalement pour être jeté derrière les barreaux d'une cellule sale et minuscule – sans un seul mot d'explication. Je tentai de reprendre mes esprits, de me calmer, mais j'étais submergé par mes émotions, la peur et la sidération. Ma vie était en train de s'effondrer.

Le temps passait. Il était déjà plus de minuit et je ne savais toujours pas ce que je faisais là, dans cette cellule nauséabonde, imprégnée d'une odeur d'urine – qui me rappelait les latrines de la Grand-Place de Roubaix, une antique vespasienne. Je ne pouvais pas m'allonger : le banc en béton était couvert de vomissures, et le sol souillé de traces d'excréments. Je résistai à la fatigue en attendant désespérément que quelqu'un vienne me dire que je pouvais rentrer chez moi.

J'avais très froid. Il n'y avait évidemment pas de chauffage dans cette geôle, mais j'étais surtout glacé de l'intérieur. Rien n'aurait pu me réchauffer. J'avais mal partout, mon corps et mon visage étaient tuméfiés, je me sentais sale et mes vêtements étaient maculés de traces de semelles.

À 3 heures du matin, un agent vint enfin me chercher,

me menotta et me conduisit dans un bureau, sans me parler. Il m'assit en face d'un policier en civil, qui continua à pianoter sur le clavier d'une vieille machine à écrire sans même me jeter un regard.

J'étais prostré sur la chaise et n'osais pas prendre la parole avant que l'on ne m'autorise à m'exprimer, j'avais retenu les leçons de la soirée. Mais je me sentais un peu mieux, il faisait chaud dans la pièce et le policier m'inspirait confiance. Il affichait une certaine bonhomie et paraissait presque sympathique avec son pull à col roulé, ses cheveux bouclés et ses lunettes rondes. Je me risquai enfin à l'interpeller une première fois, puis une deuxième – il restait silencieux, le nez planté sur sa machine à écrire.

Plusieurs longues minutes passèrent encore. Soudain il leva la tête et égrena mécaniquement les questions : nom, prénom, filiation, adresse… Je répondis tout aussi mécaniquement. Au moment où j'imaginais qu'enfin nous allions aborder les raisons de ma présence au commissariat, il retira d'un coup sec les feuillets du rouleau et les plaça devant moi, en m'ordonnant de signer en bas à droite. Je saisis les documents pour les lire. D'un geste brusque l'inspecteur me les arracha des mains pour les reposer devant moi : « Tu ne vas pas commencer à m'emmerder ! » Il se pencha et son visage se rapprocha du mien : « Pourquoi tu veux lire ? Tu sais très bien ce que tu as fait. Allez, signe, maintenant ! »

Mon cœur battait à se rompre. J'avais pu parcourir quelques lignes : elles faisaient état de coups et blessures portés à un agent de la force publique. Dans ma tête, le puzzle se mettait en place et, sous mon crâne, c'était une tempête incontrôlable. Mes tempes battaient si fort, il me semblait qu'elles allaient éclater sous la pression du sang qui refluait de toutes les parties de mon corps.

J'étais pris de panique. Signer le document revenait

à signer mon arrêt de mort. J'y étais, je n'allais pas échapper à ce destin funeste, j'allais finir en prison.

Il me fallut toute l'énergie du désespoir pour me rebeller et refuser de signer le procès-verbal avant d'en prendre connaissance.

Je calibrai mon propos et m'exprimai avec un vocabulaire et une élocution dont le policier n'avait pas l'habitude. C'était l'un de mes points forts, moi l'enfant venu de l'étranger, j'avais une excellente syntaxe, du moins pour le milieu d'où je venais. Il me dévisagea et me lança avec un peu de provocation : « Lis et prends ton temps, surtout. »

Je parcourus le document et découvris avec stupéfaction ce dont on m'accusait. La veille de mon arrestation, des policiers avaient poursuivi un jeune homme à mobylette qui s'était refusé à un contrôle de police. Le motocycliste avait chuté et, alors que l'un des agents procédait à son interpellation, il s'était saisi d'une chaîne à gros maillons et lui avait assené plusieurs coups à la jambe avant de s'enfuir. En lisant ce compte rendu, je me remémorai la scène de mon arrestation et la claudication de l'un des policiers.

Plus j'avançais dans la lecture du procès-verbal, plus mon visage s'éclairait. Je ne pouvais pas être l'auteur de cette agression. C'était là, sous mes yeux, écrit noir sur blanc. À la date et à l'heure des faits qui m'étaient reprochés, j'étais, comme tous les soirs, avec Marie-Christine, chez ses parents. Je redressai la tête et je jubilais presque quand je sortis cette phrase tout droit tirée d'un film policier : « J'ai un alibi ! »

La phrase n'eut pas l'effet escompté. L'inspecteur de police se mit à rire : « Je sais, vous dites tous la même chose. » Je lui citai immédiatement les noms, prénoms et adresse de ma fiancée et de ses parents. Des noms bien français de personnes qui étaient forcément au-dessus de tout soupçon. La réaction ne se fit pas attendre : il me demanda leur numéro et saisit le combiné du téléphone.

Le père de Marie-Christine lui répondit et lui confirma ce que je m'entêtais à lui expliquer. Il apporta aussi une précision de taille, que j'avais complètement oubliée, et qui mit l'inspecteur dans un état de fureur inattendu. Après avoir raccroché, il se mit à crier dans le couloir et à travers tout le commissariat : « Putain, Michel ! C'est quoi ce rapport de merde ? » Je reconnus le nom du policier blessé, qui était cité dans le procès-verbal et qui m'avait arrêté avec ses collègues. Une vive altercation éclata dans le couloir entre les deux hommes. L'inspecteur hurlait que ce n'était pas moi le coupable, en citant sans arrêt un prénom que je ne connaissais pas, puis ordonna qu'on appelle les nuiteux.

L'inspecteur me pria de sortir et d'attendre sur le banc, dans le couloir. Plusieurs minutes s'écoulèrent avant que ne débarquent dans son bureau trois malabars en survêtement. C'étaient les nuiteux, la brigade de surveillance nocturne de Roubaix. Parmi eux, je reconnus l'homme qui était venu prendre le café chez les parents de Marie-Christine après le dîner, le soir des faits, juste avant de prendre son service.

Il était passé à la demande de l'un de ses anciens collègues, muté à Montpellier. Un ami très proche des parents de Marie-Christine, qui voulait qu'il me vante les mérites de la Police nationale et m'encourage à passer le concours de gardien de la paix.

Ce brigadier de police fut une bénédiction. Il permit de rétablir la vérité et de m'innocenter. En entrant dans le bureau, il m'avait jeté un regard sombre. En sortant, il s'approcha de moi et, gêné, me demanda si ça allait. Oui, ça allait, mais maintenant il fallait que j'aille bosser. J'étais en retard sur la demi-heure de sécurité que je m'imposais chaque matin.

Les policiers qui m'avaient interpellé et malmené savaient bien que je n'étais pas celui qu'ils recherchaient, mais il leur fallait un coupable. Quelqu'un devait payer, n'importe qui, mais surtout de type NA, un Nord-Africain, puisque c'était la description de l'agresseur.

Ils s'étaient postés à l'entrée du quartier et avaient attendu une opportunité. J'étais la cible idéale, je marchais seul, quand les autres jeunes du quartier circulaient en bande.

Je repris le cours de ma vie. Mais cette nuit infernale avait changé le regard que je portais sur la société. J'étais vulnérable ! Mes origines me rendaient vulnérable, et seraient à jamais un handicap.

Au fil du temps, je me construisis une carapace. Elle devint chaque jour plus épaisse, au gré des expériences et des humiliations qui forgeraient mon caractère, mais qui saperaient en même temps, inexorablement, les idéaux auxquels j'avais toujours voulu croire.

Ma vie avait failli chavirer ce jour-là au bord d'un canal d'une petite ville du nord de la France. Deux ans plus tard, en 1982, je rejoignais les rangs de la Police nationale. Je m'étais présenté au concours de gardien de la paix, qui n'exigeait pas d'autre diplôme que le certificat d'études primaires. J'avais fini à la 22e place sur 1 900 candidats et j'avais effectué ma scolarité à Saint-Brieuc dans le département des Côtes-d'Armor, qui porte le numéro 22. Je ne verse pas dans l'ésotérisme, mais j'y vois étrangement un signe. Quand j'entrai par la petite porte de la « grande maison », un commissariat de police de banlieue parisienne, mon casier au vestiaire portait le numéro 22…

Une sécurité fragilisée

Kaboul, soirée du 15 août 2021

À l'extérieur de notre compound, la situation devient de plus en plus tendue. À l'intérieur, les difficultés s'accumulent. La société de sécurité privée engagée par l'ambassade de France lève précipitamment son dispositif. Leurs employés, 22 Gurkhas[1] indiens, doivent quitter l'Afghanistan sans tarder en raison des menaces qui pèsent sur eux. De nouvelles rumeurs font état de l'exécution de ressortissants indiens par des éléments talibans au cours des dernières vingt-quatre heures. Le mouvement taleb est soutenu par le Pakistan, qui entretient des relations extrêmement conflictuelles avec l'Inde. Le territoire afghan a souvent été le lieu de menaces directes et d'attaques contre les intérêts indiens par les groupes terroristes affiliés aux talibans. Les Gurkhas n'ont aucun moyen de partir et leur ambassade à Kaboul

1. Soldats népalais. Réputés pour leur loyauté et leur bravoure, ils ont été employés par l'armée britannique indienne, notamment pendant la Première et la Seconde Guerres mondiales. Après l'indépendance de l'Inde, en 1947, une partie d'entre eux fut incorporée aux forces britanniques.

ne leur offre aucune perspective. Malgré les risques, ils sont conduits à l'aéroport par nos policiers du détachement de sécurité, et réussissent à fuir le pays.

Sur place, il n'y a désormais plus de diplomates, ni de représentants des autres services. Seuls restent 11 policiers au lieu des 20 initialement présents sur le site. Parmi eux, Martin, le chef du détachement de sécurité, et ses hommes : Christophe, Dominique, Frédéric et Stéphane, les gardes de l'ambassade, qui viennent de différents services de la police – commissariats, CRS, police des frontières. Martin est un officier solide et expérimenté, il a à son actif une longue carrière au sein du RAID. Une partie de l'équipe de protection rapprochée de l'ambassadeur nous a également rejoints : Cédric, JC, Jérôme, Nicolas et Roméo, le chef d'équipe, une montagne de près de 2 mètres, un gladiateur stoïcien. Les autres policiers sont à l'aéroport avec l'ambassadeur et ses personnels, dont ils doivent assurer la sécurité. Pendant ce temps, Martial, l'adjoint de Martin, une figure légendaire du RAID qui a été de toutes les interventions marquantes de l'unité, tente avec Kamel, le technicien du RAID, de rejoindre Kaboul depuis la France, où ils étaient tous deux en vacances. À force d'obstination et de détermination, ils y parviendront en embarquant à bord de plusieurs vols militaires entre Orléans, Istres, Abou Dabi et Kaboul.

Il faut espérer qu'il n'y ait pas d'imprévu, d'autant que nos moyens de communication se réduisent considérablement. Conformément aux procédures de sécurité diplomatique, le chiffre[1] est détruit, entraînant la coupure du réseau Internet et des communications par

1. Réseau de communication crypté utilisé dans les ambassades et par les militaires.

messagerie. Nous ne disposons plus que des moyens radio, avec un rayon de couverture limité, et du réseau téléphonique local de bien piètre qualité. À Kaboul, la majeure partie des communications passent par Internet, plus opérationnel et efficace.

Le soleil commence à décliner. Le temps s'écoule lentement et nous attendons fébrilement notre départ. Dans la cour, des dizaines de valises abandonnées jonchent le sol. Elles contiennent des biens précieux pour celles et ceux qui n'ont pu les emmener dans les espaces réduits des hélicoptères et des coffres de voiture.

« C'est tout ce que j'ai… J'abandonne toute ma vie… », me confie en sanglots Élise, la correspondante de l'AFP. Au milieu du chaos, elle n'est toujours pas convaincue de la nécessité de son départ, elle qui nous presse pourtant de tout faire pour évacuer le personnel afghan de l'AFP.

Nous sommes près d'une centaine de personnes, soit la capacité de deux hélicoptères de transport. Mais les Américains ne sont toujours pas disposés à faire monter les Afghans, la majorité de notre groupe, dans leurs appareils. Il y a bien quelques Européens, mais plus un seul Français, à l'exception de Sonia, une journaliste qui a refusé de partir avec les groupes de ressortissants français. Son assistant pakistanais n'a pas été autorisé à embarquer dans un hélicoptère américain. Rien ne peut la faire changer d'avis : elle ne partira pas sans lui, c'est certain.

Sonia couvre depuis longtemps l'Afghanistan et le Pakistan, où elle vit avec son compagnon. Elle, qui a bourlingué dans le pays, réalisé de nombreux reportages, des entretiens avec des talibans, des repentis de Daech, des membres du gouvernement afghan, est aussi stupéfaite devant l'avancée spectaculaire des talibans. Qui

– militaires, journalistes, stratèges ou simples policiers – aurait pu prévoir qu'en moins de vingt-quatre heures les talibans prendraient possession de Kaboul ?

Pendant ce temps, mon collègue Ray se démène pour tenter de nous rejoindre. Il est toujours en vacances en France, mais il avait prévu de revenir à Kaboul si la situation devait se détériorer. Les choses vont très vite. Nous allons sans doute être évacués dans les prochaines heures. Ray a un sens de la camaraderie et de la fraternité d'armes exacerbé. Il serait prêt, je le sais, à sacrifier des vacances avec son fils, qu'il voit peu. Mais il n'a pas le temps nécessaire pour faire le trajet de près de vingt heures et se désole de ne pas être auprès de moi, sur le terrain, pour affronter les épreuves. Il m'écrit : « Je m'en veux tellement de t'avoir laissé, de ne pas être avec vous. C'est le pire scénario, celui qu'on redoutait. » Je lui réponds : « Ne t'inquiète pas. Cela pourrait être bien pire… Nous pourrions être tous pris en otage dans l'ambassade. » À ce moment, j'ignore à quel point mes mots sont prophétiques.

Nous continuons à nous appeler régulièrement. Ses mots, le soutien, le réconfort qu'ils procurent, résonnent dans ma tête. Sa voix trahit une émotion que lui, l'ancien légionnaire, ne parvient plus à dissimuler. Il est parfois gêné. Il craint de nous déranger. Mais ses appels quotidiens, ses conseils, son amitié indéfectible me ramènent à l'essentiel – l'humanité qui est en nous. Et qui, en temps de guerre, risque toujours d'être perdue.

Des milliers d'Afghans se ruent à présent vers l'aéroport pour fuir la capitale. Ils saccagent les installations et envahissent les pistes. Des images de ces scènes de chaos sont diffusées en continu sur les chaînes télévisées du monde entier, on y voit des centaines d'hommes désespérés prenant d'assaut les passerelles des avions ou tentant de monter sur des appareils au roulage, au péril de leur vie. L'aéroport est finalement fermé après que les forces américaines ont repris le contrôle de la zone aéroportuaire – non sans faire de victimes.

En fin de journée, une foule importante converge vers l'ambassade de France et se masse devant le portail principal – elle a franchi sans encombre le check point de Zambaq, encore mal contrôlé par les talibans. Dans la Green Zone, seule l'ambassade de France est restée ouverte.

Les autres ambassades ne se préoccupant pas vraiment de leurs ressortissants, la nôtre devient le point de ralliement des Américains, Australiens, Néerlandais, Belges, Suédois et de personnes de différentes nationalités, afin qu'on les conduise vers les hélicoptères américains. Sans nous, leur sort aurait été bien plus incertain. À présent, nous sommes aussi la seule ambassade à accueillir des citoyens afghans et à reconnaître notre obligation morale de les protéger jusqu'à ce qu'une solution au refus américain de les transporter soit trouvée.

Dans le même temps, je continue tant bien que mal à assurer le lien avec les ressortissants français qui nous signalent épisodiquement leurs situations respectives ou leurs difficultés. De nombreuses personnes finissent par nous contacter, informées par le bouche-à-oreille. Elles n'avaient pas jugé utile de s'inscrire sur le registre consulaire ou le fil d'Ariane. D'autres, dûment enregistrées, avaient estimé que la situation ne justifiait pas de suivre les recommandations qui les appelaient à quitter le territoire. Ce sont principalement des binationaux qui se manifestent au dernier moment, sous l'effet de l'angoisse contagieuse qui saisit tous les Afghans. Certains attendent devant le portail ou au check point de Zambaq, à une centaine de mètres, et il faut absolument les faire entrer. Mais ces manœuvres deviennent de plus en plus délicates. Chaque ouverture des portes nous expose à un danger : l'entrée massive d'une foule incontrôlable au comportement toujours plus hystérique, voire insurrectionnel. Beaucoup sont prêts à tout pour forcer le passage, ils n'hésitent pas à brandir des enfants quand les portes se referment, au risque de voir ces derniers écrasés par la foule ou par le très lourd portail blindé, que d'autres tentent de faire dérailler.

La tension monte inexorablement dans la ville et autour de l'ambassade. Elle atteint son paroxysme en début de soirée, lorsque les hélicoptères américains qui survolent notre périmètre depuis vingt-quatre heures sont pris pour cibles.

Ce soir-là, pour la première fois, le bruit assourdissant des Chinook[1] et des Black Hawk[2] ne parvient plus à couvrir les détonations des tirs. Dans le ciel, au-dessus de nos têtes, nous apercevons la lueur des balles traçantes et les leurres infrarouges antimissiles largués par les hélicoptères. Le commandement américain décide de suspendre provisoirement les vols. En réalité, dorénavant, plus aucun hélicoptère ne survolera la Green Zone et la capitale.

À Kaboul, les hélicoptères font partie du paysage. Ils assurent des liaisons quotidiennes entre la Green Zone et l'aéroport militaire. Même pour des déplacements privés, les personnels des ambassades et de l'OTAN n'empruntent jamais les rues de la ville pour rejoindre l'aéroport. Seules quelques rares ambassades, dont la France, se risquent sur les axes où le danger peut survenir à n'importe quel moment. Depuis mon arrivée

1. Hélicoptère de transport de forme allongée avec deux rotors.
2. Hélicoptère d'assaut de l'armée américaine.

en 2016, il ne s'était pas passé un seul jour sans que je ne sois réveillé par le bruit des hélicoptères au petit matin. Leurs mouvements représentaient en moyenne 30 000 rotations par an. Ils rythmaient nos journées et nos soirées.

Le transfert en hélicoptère est désormais définitivement exclu, nous nous orientons donc vers une évacuation routière avec nos propres véhicules, nos sept 4 × 4 et un minibus blindé de 14 places. Il faudra au moins trois ou quatre allers-retours pour acheminer tout le monde à bon port. L'opération ne peut se faire qu'en soirée, voire au tout début de la nuit pour éviter les axes bouchés par le flot de voitures qui déferlent vers l'aéroport. Maintenant qu'il est fermé, seule l'ambassade de France voit toujours se masser dans l'axe qui y conduit des centaines de personnes fébriles, apeurées, qui n'ont pas l'intention de quitter les lieux. Elles sont prêtes à passer la nuit ici, agglutinées devant le portail.

Il est dès lors impossible de sortir sans risquer un envahissement du site. Nous n'avons pas le choix : il nous faut reporter le départ et installer tout le monde pour la nuit dans la zone 3, notre zone de vie. On s'y met tous, aucun des policiers ne rechigne. C'est un groupe soudé qui se surpasse pour faire face à une situation délicate.

On aménage en dortoir la grande salle de restauration du sous-sol. C'est aussi l'un de nos abris antiroquettes et on y conduit prioritairement les familles. Des matelas en mousse et des couvertures de survie sont disposés à l'extérieur sur la pelouse, des boîtes de rations militaires sont distribuées et des fontaines d'eau positionnées sur les différentes parties du site.

Le camp Lafayette, où nous vivons depuis plus d'un an maintenant, se compose de trois zones bien distinctes.

La zone 1, la plus proche de la rue, située derrière le portail d'entrée, est dédiée au stationnement des véhicules. La zone 2, séparée de la zone 1 par un mur d'enceinte surmonté de barbelés, accueille les équipements sportifs et quelques bureaux. La zone 3, la plus éloignée de la rue, indépendante des autres parties, constitue le cœur du dispositif de l'ambassade avec les bureaux de la chancellerie et l'ensemble des services, mais aussi les logements des agents. Cette zone communique avec l'arrière du site historique et donne directement sur le jardin de la résidence. Nous disposons ainsi de trois zones symétriques parfaitement cloisonnées et étanches, ce qui en termes de sécurité n'est pas négligeable.

Les gens s'installent comme ils le peuvent. Personne n'a connaissance de nos difficultés logistiques, personne ne sait que les Afghans ne sont pas les bienvenus dans les hélicoptères américains. La journée a été longue, intense, et rien ne s'est déroulé comme prévu.

Mes dix collègues et moi, nous aurions dû nous trouver ce soir à l'aéroport avec les autres agents de l'ambassade et les ressortissants français, à attendre les avions militaires français. Nous étions censés rejoindre la France lundi soir ou mardi matin au plus tard, mais nous devons patienter vingt-quatre heures de plus. Nous nous préparons pour la nuit à veiller et à assurer la sécurité du site, de toutes ces personnes, avec nos faibles moyens. Je sais que nous ne sommes pas assez nombreux. Je sais qu'au moindre incident nous serons pris de court. À nouveau vulnérables.

Une déferlante humaine

Kaboul, 15 août 2021

Nous nous apprêtons à prendre nos rations – notre premier repas depuis ce matin – lorsque, vers 21 h 30, des explosions et des tirs d'armes automatiques se font entendre. C'est tout proche de nous, de l'autre côté des murs du camp Lafayette, dans la direction du check point de Zambaq. Aussitôt, nous faisons descendre tout le monde dans la salle de restauration au sous-sol. Les gardes et les opérateurs du RAID prennent position sur les toits, derrière des sacs de sable, prêts à riposter et à repousser une éventuelle attaque. Sur les écrans de surveillance, on distingue la foule compacte qui s'est massée contre le portail d'entrée. Il n'y a pas de son, mais on lit la frayeur sur les visages. Les mouvements de la foule laissent deviner la terreur qui s'est emparée de chacun. Des pick-up s'approchent, avec des combattants talibans qui haranguent l'assemblée en agitant et pointant leurs kalachnikovs.

Les détonations cessent puis reprennent sporadiquement, sans que l'on en connaisse les raisons. Pas de danger immédiat pour nous, à l'intérieur de l'enceinte, mais les hommes, les femmes, les enfants qui se pressent devant l'entrée, eux, semblent menacés.

J'appelle l'ambassadeur, qui suit les événements depuis le complexe de Thales. Il prend la décision d'ouvrir le portail : il faut mettre rapidement ce groupe en sécurité et, si c'est la bonne et la seule décision à prendre, je sais aussi que notre sort se retrouve désormais intimement lié aux centaines de personnes qui se préparent à entrer.

Le portail s'ouvre et c'est une déferlante humaine qui s'engouffre dans l'ambassade. La foule se dirige mécaniquement vers les accès que nous avons ouverts pour la canaliser et l'amener là où nous le souhaitons, dans la zone 2 du complexe, située entre les zones 1 et 3. La zone 3 est déjà saturée et on ne peut se permettre de mélanger les flux. Nous ignorons qui compose la population que nous accueillons. Et, contrairement aux personnes de la zone 3, nous n'avons pas les moyens de les identifier. Nous devons rester vigilants. Nous ne sommes pas à l'abri d'une infiltration d'éléments hostiles et le volet humanitaire ne doit pas nous distraire de cette éventualité.

Ce sont près de 400 personnes, hommes, femmes et enfants, qui pénètrent sur le site. Nous les installons dans la salle de loisirs, dans la salle de sport en sous-sol et sur le terrain de volley. Il y fait une chaleur étouffante et, ici, il n'y a aucun espace vert. Les gens s'installent à même le sol ou sur les quelques matelas dont nous disposons encore. Nous leur donnons de quoi s'alimenter et boire. Après des heures passées debout sous le soleil, le long de nos murs, ces réfugiés sont exténués, affamés et assoiffés.

Cette nouvelle situation bouleverse toutes nos prévisions. Il y a maintenant plus de 500 personnes au sein du complexe, elles sont sous notre responsabilité et nous ne pouvons les abandonner à leur sort. Le nombre d'individus à exfiltrer a considérablement augmenté, il nous faut d'urgence élaborer un nouveau plan et, avant tout, envisager d'autres modalités de transport.

Dans la nuit fraîche, alors que je déambule au milieu des différents groupes, je perçois une voix lointaine qui s'exprime en français. Elle se plaint du manque de confort des installations de l'ambassade de France. Je reconnais cette voix gouailleuse : c'est celle de Marcel Laville, un escroc international français qui a roulé sa bosse en Irak et en Afghanistan pour finir dans les geôles de la prison de Pul-e-Charkhi, où il a séjourné près de trois ans.

Il ne faut se fier ni à son physique chétif ni à son caractère affable, car Marcel est un redoutable manipulateur. C'est sans doute ce qui lui a permis de survivre dans les mondes hostiles qu'il a traversés.

En septembre 2020, au terme d'âpres et longues négociations avec les services de l'attorney général et du ministère afghan des Affaires étrangères, j'avais obtenu sa libération de Pul-e-Charkhi, réputée pour ses terribles conditions de détention. Il avait purgé sa peine, mais il était maintenu en prison faute d'avoir réglé sa dette financière (400 000 dollars d'amende), et parce que les geôliers et magistrats du système corrompu de l'administration pénitentiaire espéraient bien lui soutirer de l'argent. L'un de ses codétenus, de nationalité australienne, était emprisonné depuis cinq ans, malgré une condamnation à deux années seulement. La notion d'assistance consulaire n'a décidément pas la même signification en Australie. En désespoir de cause, cet Australien s'était converti à l'islam et s'était fait inscrire sur une liste négociée à Doha de prisonniers dont les talibans exigeaient la libération. Près de 5 000 prisonniers avaient ainsi été libérés par le gouvernement afghan en mars 2020 et, parmi eux, semble-t-il, ce détenu australien.

J'avais rencontré Marcel pour la première fois en 2018. Le Comité international de la Croix-Rouge nous avait signalé sa situation après une visite humanitaire à Pul-e-Charkhi. Il n'avait jamais sollicité l'assistance des services consulaires français.

Marcel Laville avait été arrêté en septembre 2017, à la sortie de l'ambassade de France. Les services afghans et américains le recherchaient depuis des mois pour des escroqueries dont les montants avoisinaient les 4 millions de dollars. Il était venu à l'ambassade déposer une simple demande de passeport, après avoir été l'objet d'un enlèvement crapuleux. Marcel s'était fait beaucoup d'ennemis, notamment un homme d'affaires afghan, l'une de ses victimes, qui l'avait enlevé et séquestré avec son complice. Laville n'avait dû son salut qu'aux relations de son acolyte avec les services secrets afghans, venus les libérer au cours d'un assaut violent.

Son statut de citoyen français a permis à Marcel Laville de rejoindre la zone 3, la plus privilégiée. Qu'on le veuille ou non, une hiérarchie des priorités s'est naturellement instaurée entre les réfugiés du camp Lafayette.

Tant de destins se croisent ici. Au gré de mes pérégrinations dans le site, où je vérifie que chacun a le minimum, qu'aucune urgence humanitaire ou sécuritaire ne se présente, je rencontre une famille de nationalité française, celle de Wali, un Franco-Afghan qui vit dans le nord de la France. Il est ici avec sa femme et leurs deux jeunes enfants. J'ai entendu parler de lui, car son nom a été cité lors d'un échange téléphonique avec une personnalité politique de premier plan à la mairie de Lille. Wali a grandi à Kaboul. C'est un jeune homme attachant, d'une trentaine d'années, gai, volubile, à l'esprit vif et facétieux. Impatient, parfois impulsif, il ne tient pas en place et se montre toujours prêt à nous aider. Mais derrière ses yeux rieurs se cachent de nombreuses tragédies. Ses deux jeunes frères ont été tués en 1993 par l'explosion d'une roquette qui a touché l'épicerie familiale ; son père, un ancien moudjahidine, est mort sous la torture après avoir été arrêté par les talibans ; et sa sœur âgée de quatre ans a fait un arrêt cardiaque lors d'un bombardement. À seize ans, il a pris seul la dangereuse route des migrants clandestins pour rejoindre Calais, espérant retrouver sa sœur aînée en Angleterre. Finalement recueilli par une famille, il a pu rester en France, obtenir l'asile et être naturalisé français en 2009. Après des études de sciences politiques et de droit, il vit désormais à Lille. Il était en vacances à Kaboul pour rendre visite à sa famille quand les événements se sont précipités. Sa femme, ses enfants et lui auraient dû repartir ce dimanche 15 août si l'aéroport n'avait pas été fermé.

Depuis l'aéroport, l'ambassadeur et ses équipes s'affairent pour essayer de nous sortir de notre impasse. L'ambassadeur est inquiet. Il est également très contrarié, car plus personne ne maîtrise les événements. Des solutions, essentiellement militaires, sont à l'étude. Il n'y a plus d'autre issue. Des discussions sont en cours avec les services diplomatiques américains pour coordonner la récupération de l'ensemble des personnes recluses dans l'enceinte diplomatique française.

La position américaine s'infléchit. Les États-Unis autorisent enfin le transport des ressortissants afghans à bord de leurs hélicoptères. L'état-major américain aurait obtenu des garanties des talibans pour que les appareils ne soient pas pris pour cibles. Mais nous devons d'abord effectuer des aménagements dans le jardin de la résidence de l'ambassade, pour permettre aux énormes appareils américains, les Chinook, de se poser sans encombre. Les branches des arbres sont cisaillées et des Cyalume – des bâtons fluorescents – disposés sur le sol pour baliser la zone d'atterrissage. On envisage un temps d'évacuer depuis le toit d'un des bâtiments, et je ne peux m'empêcher de me demander quel esprit a bien pu concevoir ce projet insensé. Mais cette option, qui n'est pas sans rappeler la scène de cet hélicoptère américain posé sur le toit de l'ambassade des États-Unis lors de la chute de Saigon en 1975, est jugée trop périlleuse et vite abandonnée.

L'opération d'héliportage depuis le jardin est confirmée. Elle aura lieu dans la nuit. La population hébergée dans la zone 3 sera la première à être évacuée, soit une centaine de personnes – celles qui ont rallié l'ambassade pendant la journée de dimanche. Ce sont des ressortissants français ou européens, des étrangers et des Afghans ; un groupe parfaitement identifié, pour donner des gages de sécurité aux militaires américains, très sensibles sur ce point.

Pour préparer l'évacuation, nous rassemblons ce premier groupe à 3 heures du matin dans le jardin de la résidence. Les 400 individus de la zone 2 ne sont pas concernés dans l'immédiat et ne sont donc pas informés : les réactions auraient pu être violentes au point de provoquer des débordements et de compromettre l'opération.

Mais, une fois encore, rien ne se passe comme prévu. Les premiers candidats au départ patientent calmement depuis plusieurs minutes le long des murs du jardin. Le silence est total. Nous attendons en vain. Les hélicoptères n'arriveront pas. Nous apprenons que l'opération est finalement annulée, sans autre explication que le danger sécuritaire croissant. Parmi les réfugiés, la déception est immense et la consternation fait place à l'incompréhension. Maintenant, nous ne pouvons plus compter que sur nous-mêmes. Personne ne viendra nous sauver.

Un sentiment d'abandon

Kaboul, lundi 16 août 2021

Au petit matin, je retrouve mes collègues dans la salle à manger du bâtiment des gardes. Sur la grande table sont disposés tous les vivres qui traînent encore dans les placards. Confits de canard, charcuteries régionales, foie gras, fromages et divers approvisionnements, que chacun a rapportés de France pour améliorer l'ordinaire. Mais personne n'a d'appétit, l'ambiance est morose après le projet avorté de la nuit. Les incertitudes planent et notre isolement commence à devenir pesant. Dans les esprits, c'est un sentiment d'abandon qui prévaut et nombreux sont ceux qui expriment leur mal-être et leur effarement.

Les hommes cèdent au découragement. Physiquement et émotionnellement, la plupart de mes collègues sont épuisés par la pression de ces vingt-quatre heures. Leur implication est totale, leur engagement et leur courage entiers, mais ils ne peuvent dissimuler leurs inquiétudes et leur désarroi. L'arrivée des talibans nous plonge dans l'inconnu, dans l'imprévisible absolu. Ils incarnent la menace extrême. Des hypothèses fantasmatiques traversent les esprits et réveillent les spectres de la crise des otages américains de l'ambassade des États-Unis à

Téhéran, en Iran, en 1979[1], ou de l'attaque du consulat américain à Benghazi, en Libye, le 11 septembre 2012[2].

Nous aurions dû quitter le site la veille, dans le sillage de nos collègues et de l'ambassadeur. Mais nous sommes toujours là, livrés à nous-mêmes, alors que la planification programmée de longue date avait été élaborée sur la base de trois paramètres : évacuer les employés de l'ambassade et leurs familles, inciter les ressortissants français à quitter le pays, ne maintenir qu'un dispositif minimum d'agents français expatriés afin de faciliter une extraction rapide en vingt-quatre heures. La présence dans l'emprise de plus de 500 personnes, françaises et étrangères, change la donne et balaie toutes les projections.

Je lis sur les visages l'inquiétude, les doutes et les interrogations – ces hommes sont allés au-delà de leur

1. Le matin du dimanche 4 novembre 1979, après l'instauration de la République islamique d'Iran, 400 jeunes étudiants islamistes marchèrent vers l'ambassade américaine. Après deux heures de siège, ils parvinrent à franchir les murs d'enceinte et à prendre d'assaut les bâtiments. Cinquante-deux Américains y furent retenus en otage durant 444 jours. Cinq mois plus tard, le 24 avril 1980, les Américains lancèrent une opération militaire pour libérer leurs ressortissants. Ce fut un fiasco total, qui se conclut par la mort de 8 commandos de la Force Delta et une humiliation qui, quarante ans après, est encore vive dans tous les esprits.

2. Mardi 11 septembre 2012, à Benghazi, une foule se rassembla en début de soirée devant le consulat américain. Pour certains, la manifestation était spontanée, pour d'autres, elle était orchestrée en réaction à la sortie d'une vidéo américaine anti-islamique, *L'Innocence des musulmans*. Plusieurs assaillants lourdement armés sortirent du groupe des manifestants pour lancer l'assaut sur les bâtiments et les incendier. Les échanges de tirs nourris durèrent plusieurs heures. L'ambassadeur et les personnels consulaires restèrent à l'abri dans une partie sécurisée du consulat. Au cours de l'attaque, l'ambassadeur mourut asphyxié par les épaisses fumées. Trois autres Américains perdirent la vie.

mission initiale et se trouvent maintenant dans une situation intenable. Mais, à mes yeux, il n'y a aucune hésitation, aucun sujet à débattre : il faut continuer d'avancer. Et tout le monde se range bientôt à cet avis.

Je suis au crépuscule de ma carrière. Le 31 août 2021, au terme de ma mission en Afghanistan, je vais prendre ma retraite. Quarante années au service de mon pays, et jamais je ne me suis dérobé à mon devoir. Pour cette ultime mission, il n'en est évidemment pas question non plus. J'ignore ce qui nous attend, mais j'ai confiance. Il faut tout mettre en œuvre pour nous sortir de là. Je peux compter sur des collègues exceptionnels, des hommes qui forcent mon admiration. Je sais que notre détermination, notre intelligence du terrain et notre cohésion sont nos meilleurs alliés.

Nous sommes au cœur de l'action, c'est à nous de prendre l'initiative, sans attendre une aide illusoire qui tarde trop. Ce n'est pas la première fois que je suis confronté à ce genre d'écueil. Je commence à croire que le destin se joue de moi, me met sans cesse au défi. Et je ne peux que l'affronter. Quand on ne voit pas d'issue, il faut compter sur ses propres forces. Dans un moment de lucidité improbable, j'entrevois ce qu'il faut faire. La seule option certaine, inévitable – la plus dangereuse peut-être. Je dois parlementer avec les talibans, ceux qui sont à nos portes. C'est la clef de notre prison à ciel ouvert, et notre meilleure chance de sortir de ce piège inextricable.

À la rencontre des talibans

Kaboul, 16 août 2021

Discuter avec des talibans. Cela semble à première vue impensable. Mais avons-nous le choix ? Nous n'avons plus d'interlocuteur et il faut bien établir un contact et tisser des liens pour ouvrir des négociations, parvenir à nos objectifs. Telle avait été ma stratégie durant ces cinq années passées en Afghanistan, avec mes différents correspondants au ministère de l'Intérieur, au NDS et dans d'autres administrations. J'appelais ça de la coopération de proximité. Elle se basait sur des liens personnels plus que professionnels, elle se substituait au formalisme officiel et administratif bien trop rigide dans un pays dominé par la culture de l'hospitalité et de l'échange. Il n'y a aucune raison de ne pas opérer de la même manière avec les talibans.

Certains de mes collègues, plus jeunes, m'interrogent. Ce sont des hommes solides, mais ils se posent des questions et c'est naturellement au plus ancien en âge et en expérience que l'on s'adresse dans des circonstances troublées.

« Mo, comment tu vois les choses ? » me demande l'un, le visage tendu. « Tu crois que ça va aller ? » ajoute un autre. « Ça va le faire, les gars. On va y arriver… Si les talibans avaient voulu nous taper, ils l'auraient déjà fait depuis longtemps ! » rétorqué-je à chacun.

J'affiche sérénité, confiance et détermination, car en pareille circonstance on scrute toujours les réactions du chef, et en l'occurrence je suis le plus gradé. Je dois faire bonne figure. À vrai dire, je n'ai pas trop à me forcer. Je connais bien la situation, je suis les évolutions de ce pays depuis cinq ans et j'ai le recul nécessaire pour comprendre qu'il n'est pas dans l'intérêt des nouveaux maîtres de l'Afghanistan de liquider l'indéniable capital politique et diplomatique qu'ils ont engrangé ces deux dernières années.

Les talibans, ceux-là mêmes qui ont permis l'émergence d'Al-Qaida, ces barbares qui ont commis les attentats les plus atroces, ces idéologues islamistes qui n'ont jamais renié leur doctrine, bref, ces fanatiques qui ont été invités à la table des plus grands ont réussi le tour de force de signer avec la plus grande puissance mondiale, les États-Unis d'Amérique, l'un des accords les plus importants de ces cinquante dernières années pour la région.

Cet événement n'a pas eu le retentissement qu'il méritait. Pour la première fois probablement, une organisation figurant sur les listes des groupes terroristes, et dont tous les dirigeants étaient et sont toujours inscrits au registre des sanctions de l'ONU, se voit offrir une légitimité et une crédibilité politique mondiales qui lui ouvrent enfin l'accès au concert des nations.

Les talibans savent que le temps joue pour eux et qu'ils sont désormais les maîtres des horloges. Ils continuent de peaufiner leur image et la stature qu'ils ont acquise, dont ils comptent bien profiter. À l'instar de certains pays « infréquentables », ils espèrent obtenir un siège à l'ONU. Mais ils attendent surtout l'aide financière internationale et les milliards de dollars destinés aux programmes de développement que la communauté internationale s'est engagée à verser à l'Afghanistan. Tout cela est bien sûr conditionné par leur capacité à maintenir la paix civile et leur aptitude à respecter les valeurs fondamentales du monde occidental, notamment les droits de l'homme, et plus particulièrement la condition des femmes dans le pays.

Les talibans ont annoncé dès le printemps que la sécurité des représentations diplomatiques serait assurée, que les diplomates ou le personnel des ONG pourraient continuer à travailler sans difficulté. Les analyses des premières offensives talibanes contre des capitales provinciales démontrent que les insurgés se tiennent à ce discours. Hormis l'attaque contre une antenne de l'ONU à Herat, qui après coup s'avère être une bavure, on ne déplore aucune action contre des entités étrangères.

Les talibans nous ont habitués au double langage et il faut rester prudent dans nos analyses. Mais on peut raisonnablement penser qu'ils cherchent à donner une autre image et à présenter un nouveau visage. Partant de ce postulat, je comprends que les talibans de Doha ont gros à perdre s'ils s'en prennent à la communauté internationale de Kaboul, même s'il ne faut pas négliger les paramètres imprévisibles : les divisions internes du mouvement, les hiatus entre l'aile politique et l'aile militaire, ou encore les divergences d'intérêts entre les seigneurs locaux talibans.

Après avoir livré ces diverses analyses, que j'espère rassurantes, à ceux qui viennent me consulter comme un grognard du Premier Empire qui aurait tout vu et tout fait, je me consacre à la question, plus terre-à-terre, de la logistique du site, à ses aspects humanitaires et surtout sanitaires. Concentrer les efforts sur la gestion des espaces, des déchets et autres aspects liés à la promiscuité. Procéder aussi à des ajustements entre les zones 2 et 3, et notamment intégrer en zone 3 des personnes qui correspondent aux critères initiaux : ressortissants français, binationaux identifiés au gré des discussions, étrangers non afghans et Afghans munis de visas pour la France. Discrètement, nous regroupons aussi quelques familles séparées, car nombreux sont les arrivants de la première vague qui ont fait venir leurs proches.

Je dois établir un premier contact au cours de la matinée avec un interlocuteur taliban, le chef du dispositif de sécurité et de filtrage du check point de Zambaq, responsable de l'axe où se trouvent à la fois la représentation française et le palais présidentiel. Les services officiels afghans chargés de cette mission ayant déserté leurs postes, les nouveaux correspondants sont désormais tous des talibans.

Je sollicite Wali, qui va me servir d'interprète, et nous allons à sa rencontre dans la rue. Il est là, avec une dizaine d'hommes surarmés. Wali semble nerveux et s'interroge sur mon plan.

Cette rencontre n'est pas sans risques. Je n'ai aucun recul, aucune garantie de la fiabilité de mes interlocuteurs talibans. Pour eux, nous sommes des envahisseurs, des ennemis.

Je sors sans protection balistique et sans arme visible. Durant mes cinq années passées en Afghanistan, j'ai rarement porté le gilet pare-balles et le casque lourd que l'on m'avait attribués à mon arrivée, en 2016. Ce n'est pas par esprit bravache, mais plutôt parce que je me déplace souvent seul à bord de mon véhicule, sans escorte, et parce que le port du gilet ferait de moi une cible trop évidente dans le paysage. Mes collègues, qui sortent à plusieurs, souvent en convoi, ne passent pas inaperçus et doivent s'affubler de l'attirail complet de protection balistique dès qu'ils quittent l'enceinte sécurisée de l'ambassade.

Le blindage du véhicule est déjà une protection et, à pied, je suis anonyme au milieu des passants, dont beaucoup sont vêtus comme moi, à l'occidentale. Ma hantise principale, ce sont les « engins explosifs improvisés » magnétiques, des mines artisanales, généralement collées sous les voitures en stationnement. À Kaboul, les terroristes pratiquent la « pose de mines à la volée »... Un cycliste, un motard ou encore un piéton au coin d'une rue colle l'engin sur le toit, l'aile ou la portière d'une voiture en mouvement, et sept secondes après c'est l'explosion. Le véhicule est déchiqueté, semblable à une boîte de conserve éventrée. Il faut avoir les yeux rivés en permanence sur les rétroviseurs, scruter méticuleusement l'environnement. Mais il faut compter aussi avec l'espièglerie des jeunes Afghans, qui s'amusent parfois à cogner les véhicules en espérant provoquer l'angoisse et assister au spectacle des passagers qui abandonnent précipitamment l'habitacle. C'est la procédure à laquelle s'entraînent toutes les ambassades : évacuer un véhicule blindé en moins de cinq secondes – car malgré le blindage les dommages peuvent être fatals.

Avec le jeune taliban, le contexte est bien différent. La situation est hautement imprévisible. Elle imposerait le port d'une protection et d'armes de riposte, mais si je veux établir un contact et un lien de confiance je dois montrer mon ouverture au dialogue et éviter une posture défensive.

Je garde tout de même mon arme de poing dissimulée dans le dos, glissée dans la ceinture de mon pantalon et recouverte par le pan de mon polo. Et je ne suis pas seul. Les opérateurs du RAID sont déployés discrètement.

Roméo a mis en place son dispositif, le même que celui dont bénéficie l'ambassadeur. Des snipers postés au sommet des tours et des ripeurs dissimulés dans les angles et niches du T-Wall sont prêts à intervenir, prêts à bondir pour m'exfiltrer en cas de danger. Mais, malgré ce dispositif, je sais que, si les choses tournent mal, nos chances de nous en sortir sont assez minces.

J'avance avec Wali vers le check point de Zambaq et je m'approche du chef des talibans. Je sais qu'il s'appelle Nangialay. Il a une trentaine d'années, il porte le traditionnel sarouel qamis, de couleur noire, avec un gilet bleu foncé. Son chèche blanc lui couvre la tête, et ses yeux sont cachés par une paire de lunettes de soleil, des Ray Ban noires, qui avec sa démarche un peu hautaine lui donne un faux air de « cacou ». À la place des habituelles sandales dont sont chaussés la plupart des combattants talibans, il porte des mocassins vernis noirs et couverts de poussière. Malgré la kalachnikov suspendue le long de son épaule, il n'a pas l'allure d'un soldat et cela me surprend. Il a des traits fins et semble frêle à côté de ses hommes aux visages burinés, et dont la vacuité du regard est par moments sidérante. Ils se mettent à agiter frénétiquement leurs kalachnikovs sous mon nez. Je ne comprends pas ce qu'ils disent, mais une chose est certaine : ils ne m'aiment pas. Nangialay, lui, garde son calme. Il se montre ouvert, à l'écoute. Il paraît plutôt bien disposé à mon égard.

À cet instant précis, j'imagine la tension et la concentration de mes collègues qui ne peuvent entendre notre discussion. Comme me l'a demandé Roméo, « j'ouvre les angles de tir », c'est-à-dire que je me positionne de manière à ne pas me trouver dans la ligne de mire des snipers.

Je fais part à Nangialay de mes préoccupations

logistiques et humanitaires eu égard aux 500 personnes présentes sur le site de l'ambassade et de notre difficulté à récupérer les ressortissants français bloqués au niveau du check point qu'il contrôle avec ses hommes. Contre toute attente, il répond favorablement à toutes mes sollicitations, sans m'opposer le moindre refus, et se met en devoir de les satisfaire. Il accepte d'identifier des Français et des personnes d'intérêt au check point et de les acheminer jusqu'à nous. Il propose même ses services pour nous fournir des moyens de subsistance. Je suis étonné, et reste sur mes gardes. Quelque chose me dit que cette bienveillance ne sera pas sans contrepartie.

Je redouble de prudence lorsque j'aborde l'éventualité d'un départ de l'ambassade. Il hésite quelques instants, regarde ses hommes, puis me demande : « Qui est concerné par ce départ ? » Je vois bien la pierre d'achoppement : les ressortissants afghans qui, pour les talibans, n'ont pas à fuir leur pays. Je lui réponds, impassible : « Tous ceux qui se trouvent dans l'enceinte de l'ambassade, sans exception. » Sans lui laisser le temps de réagir, j'enchaîne : « Je dois trouver plusieurs bus avec chauffeur. » À ma grande surprise, il me répond simplement : « Combien de bus ? Pour quand ? »

Nous ne sommes pas prêts et je n'envisage pas un départ aussi précipité, mais je veux tester mon interlocuteur : « J'ai besoin d'une dizaine de bus, pour un départ dans l'heure. » Il prononce alors une expression que j'ai entendue des centaines de fois dans la bouche des Afghans : « *Mouchkilnis* », qui signifie « Il n'y pas de problème », mais qui exprime en réalité une forme de désinvolture. Les Afghans ne savent pas dire non et ce mot est surtout un gage de bonne volonté.

Nangialay prend congé en me lançant : « Je m'en occupe ! » et s'éloigne seul vers le check point, puis sur l'avenue Wazir Akbar Khan. Cette mission me semble impossible dans un si bref délai, mais l'assurance de Nangialay me déstabilise. Et s'il y parvenait ? S'il accédait à toutes mes demandes ?

Nous ne pouvons partir aussi vite sans une évaluation et un minimum de préparations. D'autant que j'ai déjà sollicité Wali, qui se charge, avec d'autres réfugiés, d'entrer en contact avec des propriétaires de bus indépendants. Il est préférable de gérer ce projet en interne, dans le secret, pour des raisons évidentes de sécurité.

Une heure plus tard, Nangialay revient bredouille. Il a tenté de héler des bus sur l'avenue principale, mais sans succès, m'explique-t-il. Je trouve sa démarche étrange et maladroite. Mais il est vrai qu'il n'existe pas de société de location de véhicules à Kaboul. Seuls des chauffeurs indépendants, propriétaires d'un ou de plusieurs bus, couvrent la capitale.

Aidé de Wali, je parviens à commander dix bus négociés au tarif de 100 euros chacun, cinq fois le tarif normal, que je paierai plus tard, de ma poche.

Comme je m'y attendais, la bonne volonté de Nangialay n'est pas dénuée d'intérêt. Il me fait savoir par l'intermédiaire de Wali qu'il souhaite obtenir un visa de l'ambassade de France. C'est une demande fréquente de la part des Afghans : le visa, c'est une sécurité, un sésame. Nangialay veut sans doute se ménager une porte de sortie en cas de nécessité, pour pouvoir fuir le pays si les choses devaient mal tourner. Un visa français, c'est l'assurance de pouvoir entrer dans n'importe quel pays de l'espace Schengen.

Cependant, je n'en crois pas mes oreilles : je n'imaginais pas un instant qu'un taliban pourrait me réclamer un visa. Il y a donc des talibans qui souhaitent s'évader à leur tour ? Je sais qu'il sera impossible de répondre à sa demande. Mais je dois gagner sa confiance et je lui laisse entendre que la question sera étudiée.

Dans les heures qui suivent, sa demande connaît des développements imprévus et plus problématiques encore. Nangialay négocie maintenant l'entrée de 11 proches supposés (hommes, femmes et enfants). Notre objectif est de quitter l'ambassade au plus vite, mais pas au prix de n'importe quelle promesse impossible. Il s'agit des proches d'un taliban. Il faut néanmoins maintenir le lien avec Nangialay, ne serait-ce que pour gagner du temps et garder le contrôle des événements. Faire au mieux, dans notre intérêt. Une fois de plus, je lui signifie que sa requête sera examinée.

Dans la soirée, Martin, la mine grave, informe son équipe que la décision a été prise de procéder à l'évacuation des seuls ressortissants français par la route et dans la nuit. Je n'approuve pas ce projet, que je découvre au dernier moment, tout comme celui de la nuit précédente. Je déplore le manque de concertation. Selon moi, les préparatifs sont suffisamment avancés pour envisager une évacuation en bus de l'ensemble des occupants des lieux.

Je crains en outre que, si les talibans acceptent cette première extraction d'une vingtaine de ressortissants français, nous n'obtenions plus leur accord pour les transferts à venir. Ce projet engage aussi 8 des 11 policiers du détachement de sécurité et du RAID, ce qui obère nos moyens de défense pendant cette opération. Et qui nous dit que les personnels impliqués dans cette évacuation pourront revenir nous chercher une fois leur mission remplie ?

Une nouvelle nuit sans sommeil

Kaboul, nuit du 16 au 17 août 2021

Dans la nuit du mardi, les ressortissants français sont regroupés et embarqués vers 1 heure du matin, en catimini, dans le bus blindé de l'ambassade. Martin est à la manœuvre avec les hommes qui vont protéger le convoi. Je sais que certains n'adhèrent pas à ce projet, mais ils doivent obéir aux ordres et ils s'exécutent.

Je pars m'allonger quelques minutes sur un canapé dans le couloir de mon bureau. C'est la première fois depuis dimanche que je trouve le temps de me reposer. Je rumine, les yeux fixés sur le plafond, en me demandant comment nous allons gérer la suite – mon plan de départ global en bus a maintenant du plomb dans l'aile. Mes paupières sont très lourdes, je les ferme quelques secondes.

Je me réveille en sursaut, deux heures viennent de s'écouler. Je me précipite à l'extérieur. Dans la cour tout est calme, les gens sont assoupis, recroquevillés sur eux-mêmes. Il est 3 heures du matin, j'aperçois deux hommes de l'équipe qui traversent la pelouse et se dirigent vers moi.

« Où en est la mission ? Ils sont arrivés ? demandé-je.

– Ils ne sont pas partis, la mission a été annulée au dernier moment, me répond JC avec amertume.

– Il y a eu un problème ?

– Nous n'avons pas eu le feu vert de Paris ! »

Je suis abasourdi. Mais cet ultime retournement va dans le sens de ce que j'envisage depuis le début. Je comprends qu'il est temps pour nous de jouer notre dernière carte – ce fameux plan B qui, pour moi, a toujours été le plan A : une évacuation collective en bus.

Pour préparer le départ de ce convoi spécial, Martin avait négocié avec Nangialay, qui a profité de mon absence pour obtenir de Martin l'entrée sur le site de ses onze proches. Cette demande, il a dû sentir que je n'y accéderais pas. Martin n'avait pas le choix, car le transfert des ressortissants français et leur mise en sécurité à l'aéroport sont la priorité absolue et l'objectif du plan RESEVAC[1]. En outre, il pense, comme beaucoup, que la majeure partie des personnes, celles de la zone 2, ne peuvent quitter le site faute de moyens logistiques.

On ignore les identités véritables de Nangialay et de ses proches. Je découvrirai bien plus tard, en recoupant différentes informations, que ce groupe de « talibans » présumés est dirigé par un certain Ahmed M., magistrat au bureau de l'attorney général d'Afghanistan, et beau-frère de Nangialay. Le nom d'Ahmed M. ne m'est pas inconnu : selon ses dires, c'est le fils d'un général de la police afghane. Je ne peux m'empêcher de faire le lien avec Ali Mast M., un général de la police, qui fut

1. RESEVAC : ÉVACuation de RESsortissants. Le devoir de protéger les ressortissants français à l'étranger implique pour l'État l'obligation de mettre tout en œuvre, de l'action diplomatique à l'action militaire, pour assurer leur sécurité et leur évacuation en cas de nécessité.

chef de cabinet du ministre de l'Intérieur et dont l'un des fils était magistrat. Le profil atypique de Nangialay s'explique sans doute par sa proximité avec les notables locaux, mais aussi par son nom de famille, qui le situe dans la hiérarchie des grandes tribus afghanes. Ce ne sont là que des supputations mais, à défaut d'autres informations, elles m'aident à trouver un sens à l'étrangeté de cette situation.

Au cours de ces heures nocturnes, on doit procéder à des aménagements du site. Des familles dorment dehors à même le sol, mais les nuits sont froides à Kaboul, qui est à 1 791 mètres d'altitude. D'autres passent la nuit à l'intérieur des bâtiments sur des matelas de fortune. Nos chambres sont mises à la disposition des familles avec enfants, des personnes âgées et des plus vulnérables. Les familles s'installent parfois à 7 ou 8, voire plus, dans toutes les pièces disponibles.

Je monte seul sur le toit de l'ambassade à la recherche d'un peu de calme et de solitude. J'allume une cigarette. Je regarde les lumières de la ville, qui miroitent dans la nuit. Le fond sonore est permanent : quelques bruits de klaxon, mais surtout le ronflement des groupes électrogènes des autres ministères et ambassades – qui pallient les coupures de courant, si fréquentes à Kaboul. Je n'entends ni explosion ni détonation. Nul bruit de combat. D'ici, rien ne semble avoir changé. Les mêmes bruits, la même brise fraîche, les mêmes lumières apaisantes. Qui pourrait penser que nous sommes au lendemain d'une catastrophe… au cœur d'une menace diffuse ?

J'évite de m'asseoir afin de ne pas risquer de m'endormir ou de ressentir la fatigue. Rester éveillé pour contrôler les événements qui se présentent à nous, garder ma vigilance intacte. Je dormirai plus tard, demain soir ou après-demain, peu importe. Je dormirai quand tout cela sera fini. Je ne sais pas que dix nuits blanches m'attendent encore.

Notre stock de rations, qui n'était pas prévu pour subvenir aux besoins de 500 personnes, fond à vue d'œil. L'état de nos moyens de subsistance nous impose un rationnement de la nourriture et la récupération de tout ce qui n'a pas été consommé dans des boîtes vides de rations de combat.

Dans la zone 2, je rencontre Samim, le cuisinier du Service de liaison technique, une entité de la DGSE[1], les services secrets français chargés de recueillir le renseignement partout dans le monde. Il a profité de la vague d'entrée massive la nuit précédente pour pénétrer dans les lieux. À ma demande, il accepte d'apporter son concours et de cuisiner pour les réfugiés les produits frais dont nous disposons encore dans la réserve des cuisines. Quelques jours auparavant, j'avais fait stocker des denrées pour deux semaines d'autonomie, en prévision de l'accueil éventuel de ressortissants français.

J'avais heureusement l'habitude de gérer les stocks de nourriture. Quelques semaines après mon arrivée à Kaboul, en 2016, j'étais devenu le président du Paris-Kaboul Club, l'association qui assurait la restauration le midi pour les personnels de l'ambassade. J'organisais également des marchés afghans dans l'enceinte, les soirées amicales de pots d'arrivée ou de départ, l'approvisionnement en alcool auprès d'une société implantée à Dubaï qui livre les ambassades dans le monde.

Les espaces sont jonchés de déchets, les containers à ordures débordent, une odeur pestilentielle commence à imprégner l'atmosphère. Je décide de procéder au nettoyage du site et sollicite l'aide de quelques réfugiés

1. Direction générale de la sécurité extérieure.

qui se mobilisent spontanément. Mais ce problème de déchets, qui pourrait paraître anodin, en dissimule un autre, plus sérieux. Les containers doivent être évacués vers le parking, en zone 1. Pour cela, il me faut traverser la zone 2, où sont réunis tous les Afghans accueillis à la suite des explosions et tirs de la veille au soir. L'opération est délicate, car l'ouverture du portail entre les deux zones risque de provoquer un mouvement de foule que nous ne serons pas en mesure de contenir. Il est 5 heures du matin. Afin de réduire les risques de flux de personnes entre les zones 3 et 2, je décide de procéder seul à l'évacuation des containers à ordures.

Je pénètre sans encombre dans la zone 2. Mais, alors que je m'avance, plusieurs individus m'encerclent et se mettent à m'interpeller avec véhémence, persuadés que les ressortissants français ont été évacués et que les étrangers de la zone 3, tout comme ceux de la zone 2, ont été abandonnés à leur sort. Un Afghan se montre particulièrement agressif et menaçant. Il parle parfaitement anglais et tient des propos vindicatifs qui mobilisent de nombreux individus sur lesquels il semble avoir de l'autorité. Il est grand, massif et, avec sa barbe grisonnante et son habit traditionnel, il me fait penser à un fondamentaliste. Je ne sais ni qui il est ni d'où il vient. Il m'apostrophe : « Les Français sont partis cette nuit ! Vous allez nous abandonner ? Vous devez nous emmener aussi ! » Les hommes qui l'entourent scandent son nom : « Rohullah ! Rohullah ! » tout en levant leurs bras, dans un geste collectif de colère.

Mes explications peinent à convaincre, ma présence ne suffit pas à rassurer ce groupe d'hommes. L'hostilité grandit à tel point que je dois hausser le ton. « Vous voyez bien que je suis là, nous ne sommes pas partis. Vous êtes en sécurité. » Rien n'y fait et je dois adopter un ton de plus en plus autoritaire pour m'extraire de la foule qui m'enserre et me suit pas à pas.

Désormais, pour des raisons de sécurité évidente, nous nous déplacerons à plusieurs dans cette zone du camp Lafayette.

Cet homme, Rohullah, je le retrouverai quelques jours plus tard, au milieu d'un canal septique de l'aéroport, un égout à ciel ouvert.

La situation sanitaire de la zone 2 devient très préoccupante. De nombreuses personnes et plusieurs enfants sont malades. Deux cas de dysenterie sont constatés. Grâce à Wali, nous organisons des consultations médicales. Son frère, qui est médecin, se trouve sur le site avec le reste de sa famille. Près de 50 patients peuvent ainsi bénéficier d'un examen de santé, et autant de prescriptions sont délivrées. La sœur de Wali, pharmacienne, est également présente. Elle fait appel à ses anciens collègues pour la préparation des médicaments, qui sont ensuite acheminés avec l'aide de Nangialay, tout comme des paquets de couches et de lait pour les nourrissons. Ce sont encore les relations de Wali dans Kaboul qui permettent notre approvisionnement en pain, en produits frais et en biens de première nécessité.

Toutes ces initiatives contribuent à apaiser les esprits, mais les occupants de la zone 2 craignent toujours d'être abandonnés et campent devant le portail de la zone 3 avec leurs bagages. Ils sont prêts à s'y engouffrer ou à tenter d'escalader les accès au moindre frémissement d'un départ.

Depuis son arrivée, Wali s'est montré très précieux. J'ai cependant fini par l'écarter des discussions avec Nangialay, à la suite d'un incident le lundi 16 août. Trois neveux de Wali, des adolescents, étaient bloqués devant le portail de l'ambassade. Leurs parents (le frère de Wali et sa femme) étaient arrivés la veille. Notre projet était de les faire entrer, mais la foule, massée devant les accès, interdisait toute ouverture. En accord avec Nangialay, une diversion avait été créée devant l'une des portes de l'ambassade pour pouvoir en ouvrir une autre discrètement, la plus éloignée du complexe Lafayette.

Wali ne contrôlait plus son impatience, ses émotions et surtout sa rancœur envers les talibans, qui avaient provoqué tant de malheurs dans sa vie. Sans attendre l'autorisation de Nangialay, il s'était précipité pour saisir ses neveux, repoussant brutalement Nangialay au passage. Ce dernier s'était crispé et avait stoppé violemment Wali : « C'est moi qui décide qui entre et qui sort ! » lui avait-il crié, fou de colère, en pointant sur lui sa kalachnikov. Devant ses hommes, il ne pouvait pas perdre la face et devait affirmer son autorité.

Pour la première fois, les yeux de Nangialay reflétaient une noirceur et une rage que je ne lui connaissais pas. Ses hommes s'étaient raidis et montrés d'un coup très menaçants. Les canons des armes s'étaient dirigés vers nous et, à ce moment-là, j'avais imaginé le pire. Mes collègues du RAID pouvaient légitimement penser que la situation dégénérait et qu'il fallait intervenir, pour me protéger. Sans laisser à Wali le temps de réagir, je l'avais saisi par le bras sans ménagement et l'avais repoussé à l'intérieur du bâtiment, sans retenir ma colère : « Tu ne me refais jamais ça ! » J'avais ainsi mis fin à la discussion pour interrompre le crescendo de tension qui nous menait inexorablement vers un incident majeur.

Quelques heures plus tard, j'avais rétabli, non sans mal, le lien avec Nangialay. Je lui avais présenté des excuses, grâce à Hassan, notre garde afghan. Un homme loyal et fidèle, au service de l'ambassade de France depuis plus de vingt ans, décoré en 2020 de la médaille d'honneur des Affaires étrangères. Il parle couramment le français, qu'il a appris au contact des différents agents français qui se sont succédé ces vingt dernières années, et qui lui ont peut-être donné son accent indéfinissable, fait de mélanges d'intonations du sud, du nord et de l'est de la France. Il n'a pas voulu quitter l'Afghanistan et profiter comme tant d'autres du programme d'asile et de relocalisation. Malgré les risques et les menaces qui pèsent sur lui pour avoir travaillé avec des étrangers, il a choisi de rester. J'admire son courage.

Le système D

Kaboul, 17 août 2021

Mardi, début de matinée. Fatigué après une deuxième nuit blanche et irrité par nos déconvenues successives, je me repasse le fil des événements depuis le 15 août. Je me pose des questions et l'une d'elles continue de me tarauder : « Pourquoi sommes-nous encore là » ? Les stratégies sont échafaudées en haut lieu, depuis Paris en passant par Doha, alors que les réponses sont certainement ici, à Kaboul, voire au coin de la rue. Une évidence s'impose : il nous faut agir, ici et maintenant, tant que nous contrôlons encore la situation. Dans peu de temps, il sera trop tard.

Les différents plans d'évacuation, élaborés le plus souvent sans concertation et sans tenir compte du contexte et des acteurs locaux, ont fait la preuve de leur inefficacité, car ils dépendaient essentiellement de la disponibilité des renforts matériels et humains américains.

Des heurts se produisent entre réfugiés en zone 2 et nous n'avons pas les moyens de les réguler. Nous-mêmes risquons à tout instant de devenir la cible de la colère d'une foule épuisée et excédée par une attente interminable et anxiogène. Nous n'avons plus le choix, il nous faut quitter l'ambassade dès que possible, avec toutes les personnes réfugiées dans l'enceinte. Le soutien escompté des services américains est constamment remis en question, il est maintenant de notre responsabilité d'organiser les opérations.

J'informe aussitôt l'ambassadeur David Martinon et ma hiérarchie à Paris, Sophie H., la directrice de la coopération internationale, de cette décision : au-delà d'une initiative personnelle, c'est une nécessité, mûrement réfléchie. Leurs réactions sont très mitigées et ils ne prennent pas mon plan au sérieux. Je vais à l'encontre du processus en cours, piloté depuis les plus hautes sphères. Ils me demandent de patienter.

Je me focalise alors sur ce que je dois faire et non plus sur les atermoiements des uns et des autres, qui ne mesurent pas la portée des événements. Je suis déterminé et j'ai la certitude que mon plan est solide, parce que nous maîtrisons encore notre environnement et que nous agissons avec une parfaite connaissance des enjeux.

Quelques heures plus tard, j'apprends, de nouveau indirectement, qu'une autre option va être mise en œuvre. Une fois encore, il est question d'hélicoptères américains, avec les forces spéciales françaises à leur bord, ou de bus fournis par les forces américaines, escortés par les commandos parachutistes de la 82e Airborne de l'armée des États-Unis. Tout cela semble aberrant. Les hélicoptères vont se faire tirer dessus, et déployer des parachutistes américains dans les rues de Kaboul relève de l'inconscience.

Mais peu importe, nous avons désormais fixé le tempo. Et la machine est lancée.

L'opération prévue ce soir-là se limite aux seules personnes présentes dans la zone 3, celle réservée aux ressortissants français et étrangers non afghans, ainsi qu'aux ressortissants afghans dits « d'intérêt ». Le public de la zone 2, entré massivement le soir du 15 août, est une fois de plus écarté. L'identification des individus est impossible et certains comportements suspects ont éveillé des doutes. Des personnes ont été filmées par nos caméras de vidéosurveillance en train de prendre des photos sur le site, d'écrire ou de dessiner les lieux, de passer des coups de fil. Dans la paranoïa ambiante, il n'en faut pas plus à certains membres de notre équipe de sécurité pour imaginer que des éléments infiltrés collectent du renseignement. Ils en sont convaincus et la décision est prise de s'en séparer à la première occasion. Ils resteront sur place après notre départ et pourront quitter le site de leur plein gré. Leurs profils ne présentent pas d'intérêt, ils ne courent pas de risques particuliers vis-à-vis des talibans.

Cette décision s'avérera être par la suite une regrettable méprise. Nous laisserons ainsi dans cette zone 2 un groupe d'environ 150 personnes. Commencera alors le cauchemar du groupe des 150, une épopée qui durera près de quatre-vingt-six heures.

Malgré les assurances qui me sont données pour la mise en œuvre du scénario hollywoodien, je poursuis mon plan « à la française », selon le fameux système D qui avait fait ses preuves à Conakry et Dalaba, lors de la crise de Guinée, en 2007, que j'avais été amené à gérer dans des conditions tout aussi chaotiques.

Lors de cette crise, qui avait nécessité, comme à Kaboul, l'évacuation de centaines de nos ressortissants à la suite de la mise en place d'un état d'urgence et d'une répression féroce du pouvoir guinéen à l'encontre de sa population, il avait fallu localiser tous les prétendants au départ présents dans la capitale, mais aussi ceux qui étaient disséminés dans tout le pays ; trouver un avion-cargo piloté par un équipage de mercenaires, puis éviter, par des manœuvres aériennes acrobatiques, les tirs de mitrailleuses à l'atterrissage ; mobiliser une dizaine de bus à prix d'or auprès d'un Libanais opiniâtre pour convoyer les personnes jusqu'à des « points de regroupement » qui, pour la plupart, n'existaient plus ; et, pour finir, en l'absence de moyens aériens pour évacuer ceux qui restaient, organiser un convoi routier afin d'aller exfiltrer, à 300 kilomètres de la capitale, les membres d'un monastère isolé en franchissant, comme de nouveau je projetais de le faire, de multiples check points avec des soldats sur les dents.

Comment adapter les leçons de Conakry ? Si j'ai appris une chose, c'est qu'il faut parler, négocier, parler encore, continuellement, avec ceux qui m'entourent, mais surtout avec ceux qui, consciemment ou non, nous barrent la route.

Jusque-là, mes échanges avec les talibans du check point de Zambaq se déroulaient directement avec Nangialay, qui s'était montré très coopératif. Cependant, un changement intervient. Nangialay sollicite une entrevue et arrive avec un autre taliban, que j'appelle « le fondamentaliste », et qu'il me présente comme l'un de ses supérieurs.

Je dois rencontrer cet homme à l'extérieur, devant le portail, accompagné de mon nouveau traducteur, Hassan, le garde afghan de l'ambassade. Le fondamentaliste est tout de noir vêtu et arbore une longue barbe taillée en pointe à la mode talibane. Il adopte une posture de défiance, sa kalachnikov en travers du torse, et me jette un regard glacial. Il est flanqué d'un individu qui se montre tout au long de l'entretien très vindicatif. Il interrompt sans cesse la discussion pour me reprocher le désordre devant les portes de l'ambassade. Nangialay ne dit rien, fuit mon regard, il semble soumis, comme s'il craignait ces hommes. Il n'affiche pas son habituelle bienveillance. Je comprends immédiatement qu'il est souhaitable de taire mes précédents échanges et interactions avec Nangialay, qui de toute évidence n'en a pas informé sa hiérarchie.

Le fondamentaliste s'appelle Khalil Qari. Excédé, il me lance : « Vous devez faire entrer les centaines de personnes qui stationnent devant votre ambassade, elles obstruent la rue, gênent le passage des véhicules qui se rendent au palais, et elles posent un problème majeur de sécurité. » Je lui réponds, sûr de moi : « Près de 500 personnes sont déjà dans nos murs, vous comprenez bien qu'il nous est impossible d'accueillir de nouveaux individus. Par ailleurs, c'est un problème de voie publique, il est de votre seul ressort. » De fait, les talibans qui gèrent le check point situé à 100 mètres en amont n'ont pas reçu l'instruction d'interdire l'accès à la zone. J'ajoute : « Le problème serait vite réglé si vous nous laissiez partir, et si vous nous offriez toutes les garanties de sécurité. » Le fondamentaliste élude la question et digresse vers un point qui lui tient à cœur : la présence de nombreuses femmes seules à l'intérieur de nos bâtiments, alors que leurs époux se trouvent à l'extérieur.

« Cette situation est tout à fait contraire aux principes de l'islam, vous devez immédiatement demander à ces femmes de sortir. » Sa voix est dure, ses yeux fulminent. Je me tais quelques secondes, puis choisis mes mots et une tonalité très politique : « Nous ne pouvons répondre à vos exigences. Comme vous le savez, toute personne admise au sein de l'ambassade est placée sous notre protection. » Il semble déstabilisé, hésite puis répond sur un ton menaçant : « Nous allons devoir résoudre cette question, d'une manière ou d'une autre. »

L'entrevue s'achève sur un statu quo. Le fondamentaliste

quitte les lieux en exigeant qu'une affiche soit collée sur le portail, mentionnant que l'ambassade de France ne reçoit plus de public et ne délivre plus de visas. Nous découvrons alors que les talibans ont déjà collé deux affiches sur le portail du camp Lafayette, annonçant en dari : « Propriété de l'Émirat islamique d'Afghanistan ».

Quelques minutes plus tard, le poste de sécurité m'informe que les talibans sont en train de repousser le public amassé devant l'ambassade. Cette opération ne se fait pas sans heurts ni violences. Dans un premier temps, l'escouade de talibans est prise à partie et doit se replier sous les jets de projectiles. Mais les talibans reviennent plus nombreux et, après plusieurs tirs en l'air et manœuvres d'intimidation, notamment des coups de crosse de kalachnikov, ils reprennent le dessus. La foule prend peur, finit par reculer jusqu'au niveau du check point du rond-point Zambaq, où elle est à présent retenue.

Suite à cette séquence troublante, je consulte mes deux contacts du NDS et du NSC, Semaj et Yrollam. Je veux connaître leur point de vue sur mon plan de sauvetage et sur le degré de fiabilité que je peux espérer de mes différents correspondants talibans.

Je suis maintenant conscient du peu d'envergure de Nangialay. Je dois trouver le moyen d'entrer en contact avec le niveau supérieur de sa chaîne hiérarchique. En jouant sur plusieurs tableaux, en optant pour cette stratégie, j'espère multiplier les opportunités et les garanties.

Semaj et Yrollam approuvent mon plan et me suggèrent de tenter une intervention auprès de Khalil Haqqani[1], qu'ils me décrivent comme une personnalité très influente

1. Khalil Haqqani a été nommé ministre des Réfugiés en septembre 2021.

et puissante. Il est l'oncle de Sirajuddin Haqqani[1], numéro deux du mouvement taleb et chef du « réseau Haqqani », le bras terroriste des talibans. Khalil Haqqani est surtout l'un des négociateurs et représentants à Doha du mouvement taleb. En 2011, les États-Unis l'avaient désigné comme *Specially Designated Global Terrorist*, soit l'un des terroristes les plus recherchés au monde. Ils promettaient alors une récompense de 5 millions de dollars pour toute information permettant sa capture.

Le réseau Haqqani a été fondé à la fin des années 1970, par son frère, Jalaluddin Haqqani, un fondamentaliste religieux, précurseur des mouvements djihadistes contemporains. Ce groupe très proche des services secrets pakistanais a joué un rôle clef dans la guerre contre l'invasion soviétique. Il a tissé des liens étroits avec Oussama Ben Laden, à qui il a offert les moyens logistiques de créer Al-Qaida. Haqqani a rejoint le mouvement taleb au milieu des années 1990, pour créer sa branche terroriste.

« C'est risqué, rétorqué-je, le représentant du gouvernement français est en ce moment même à Doha, il participe aux discussions sur le processus de paix et doit évoquer notre situation. On ne peut prendre le risque d'interférer, de parasiter ou de bloquer son action.

– Il y a une autre solution, suggère alors Semaj. Je peux appeler Mohammed Masoom, il se trouve également à Doha, il peut nous trouver un interlocuteur, un taliban influent à Kaboul. »

Ancien chef des services secrets afghans (NDS), Mohammed Masoom Stanekzai[2] est membre de l'équipe

1. Sirajuddin Haqqani a été nommé ministre de l'Intérieur.
2. Masoom Stanekzai a été le chef de l'équipe de négociation de paix de la République islamique d'Afghanistan et le conseiller

des négociateurs du gouvernement afghan pour le processus de paix et le mentor de Semaj au NDS.

Semaj parvient à le joindre rapidement, et Mohammed Masoom Stanekzai lui recommande aussi de contacter directement Khalil Haqqani – il lui communique son numéro de téléphone.

Semaj et Yrollam tentent de contacter Khalil Haqqani par WhatsApp, sur haut-parleur. C'est son secrétaire qui répond et, suspicieux, demande les raisons de l'appel. Il assure qu'il nous rappellera dès que Khalil Haqqani sortira de réunion.

Vingt minutes plus tard, Yrollam reçoit un message WhatsApp de Khalil Haqqani : « Il n'y a aucune objection de la part des talibans au transfert des personnes de l'ambassade de France vers l'aéroport de Kaboul. » Il ajoute : « Même si des gens restent dans l'ambassade, il n'y aura aucun problème pour leur sécurité. » Ce « *Mouchkilnis* » qui clôt son message, et que je redoute toujours, n'a pas le même parfum, il sent l'espoir et nous éprouvons un soulagement incrédule. Ni Semaj ni Yrollam ne croyaient à cette démarche, ils l'ont faite par gratitude envers moi et cette réponse favorable est vraiment inattendue.

Yrollam et Semaj lui demandent, comme je l'ai souhaité, un contact pour assurer la coordination du projet. Khalil Haqqani se montre rassurant : en cas de difficulté, nous pouvons l'appeler. Je comprends aussi, à l'issue de l'échange, que Khalil Haqqani nous enverra un émissaire.

Un peu plus tard, un taliban se présente à l'entrée de l'ambassade et demande à me voir. Hassan, notre garde

---

du président pour la sécurité intérieure. Auparavant, il avait été directeur des services secrets afghans et ministre de la Défense.

afghan, m'en informe et ajoute que l'homme semble être un personnage important. Il s'agit du troisième taliban qui apparaît dans le paysage.

Je décide de le rencontrer à l'extérieur, avec Samim, notre nouveau cuisinier, pour traducteur. Le taliban est à bord d'un véhicule. Il est accompagné de trois individus lourdement armés.

« Je suis Abdul Rahman, on m'a informé de votre situation. Comment puis-je vous aider ? » me demande-t-il dans un anglais parfait. Sa personne dégage quelque chose de calme et de hiératique.

Abdul Rahman est un homme d'un certain âge et plutôt pragmatique. Il porte une kalachnikov en bandoulière et, sous son habit traditionnel, près de l'aisselle gauche, le légendaire Colt 45 automatique chromé. Il surprend mon regard vers cette arme et rajuste son gilet pour la dissimuler.

Je comprends qu'il n'a aucun lien avec Nangialay, qui n'est pas là et qu'il ne semble pas connaître. Abdul Rahman intervient dans une tout autre démarche, manifestement dans le prolongement des échanges avec Khalil Haqqani. Aussi je me garde bien de parler de mes précédentes discussions avec ceux qui paraissent être ses subordonnées.

Nous discutons de la situation de l'ambassade de France. Il est déjà bien informé des faits et du nombre de personnes présentes sur le site. Soudain, ses yeux se plissent, son visage se durcit, il s'étonne : « Je ne comprends pas, pourquoi avez-vous accueilli toutes ces personnes afghanes dans l'ambassade ? Quelles sont vos motivations ? »

Je lui réponds que, à l'origine, seuls les ressortissants français et afghans titulaires de visas étaient autorisés à entrer, mais que, en raison des tirs et des explosions survenus dans la soirée du dimanche 15 août, la foule s'est amassée devant les portes de l'ambassade. « Nous avons ici un devoir d'assistance et de protection, nous nous devons d'accueillir et de mettre en sécurité les personnes en danger, qu'elles soient afghanes ou non. Et plus encore s'il s'agit de femmes et d'enfants. »

Abdul Rahman se montre sensible à mon propos. J'ai orienté mes arguments sur le sens de l'hospitalité, un sujet très important chez les Afghans, qui adhèrent tous à la philosophie du code ancestral de l'honneur et de l'hospitalité, le *pachtounwali*.

« Qu'auriez-vous fait à ma place ? » ajouté-je. Il prend un air entendu, hoche la tête et me répond qu'il aurait agi de la même manière. Cette proximité de vues facilite nos échanges et détend l'atmosphère. Néanmoins, à l'instar de Khalil Qari, le fondamentaliste, Abdul Rahman évoque aussi le sujet des femmes seules à l'intérieur. Je lui propose alors une solution satisfaisante pour les deux parties : « Plutôt que de faire sortir les femmes, je vais faire entrer les hommes. Qu'en pensez-vous ? » Après un bref moment d'hésitation, il accepte le principe.

La discussion se termine ainsi dans une relative bonne humeur et, pour sceller symboliquement cet accord cordial, je lui propose d'échanger nos montres. Il paraît embarrassé : « Je ne peux vous donner la mienne », me répond-il sans s'expliquer davantage. Il gagne pourtant au change, la sienne est en plastique. Comme il ne peut se dérober à cette initiative sincère, il me propose un petit flacon de parfum et un stylo doré. J'accepte ses présents et lui tends ma montre, mais il la refuse avec un sourire : « Le deal est à votre désavantage, je souhaite que vous la conserviez. »

Les préparatifs

Kaboul, mardi 17 août 2021

Vers 17 heures, l'ambassadeur m'avertit que les hypothèses d'une opération avec un soutien américain sont tombées à l'eau et qu'il faut désormais mettre en œuvre notre projet. Je ne suis nullement surpris par cette annonce. Heureusement, nous avons bien avancé dans la préparation de notre plan.

En milieu d'après-midi, 10 chauffeurs et leurs bus de 30 places se tiennent prêts à rejoindre l'ambassade dès que j'en donnerai l'instruction. Afin de ne pas attirer l'attention, ils restent stationnés sur différents axes de la ville, à quelques minutes de notre position.

Nous élaborons avec Nangialay un itinéraire qui nous évitera le check point de Zambaq, où nous risquons de voir les bus bloqués ou pris d'assaut par des centaines de personnes. La seule alternative est le chemin opposé, longeant le palais présidentiel et la Kabul River.

L'entrée de la base militaire de l'aéroport, où nous sommes attendus, se situe dans l'est de la ville, à une quinzaine de kilomètres. L'itinéraire choisi contourne le centre-ville et l'axe important de Wazir Akbar Khan, très fréquenté et propice à de nombreux obstacles. Mais nous ne pourrons éviter d'emprunter ensuite la route de Jalalabad, et de parcourir les 5 kilomètres de ce secteur particulièrement dangereux. Le troisième et dernier tronçon, une ligne droite de 3 kilomètres, offrira de meilleures garanties de sécurité.

Notre départ est prévu au moment du couvre-feu, qui débute à 21 h 30. L'acheminement d'un convoi de 18 véhicules, dont 11 bus, ne va pas être aisé. Pour maintenir et préserver l'intégrité du cortège, les axes devront être libérés.

La fluidité du trafic à cette heure de la soirée est pour nous un avantage, d'autant plus que le couvre-feu instaure de facto une réduction de la circulation. Nous connaissons parfaitement les itinéraires, mais nous ignorons le positionnement des points de contrôle et le nombre d'hommes armés postés sur chacun d'eux.

Une vue dégagée constitue aussi un atout opérationnel indéniable pour le dispositif de protection, qui doit pouvoir faire face à tous les imprévus. Il n'est pas exclu de tomber sur des éléments talibans incontrôlés qui agiraient en francs-tireurs. Enfin, l'éclairage public, déficient à Kaboul, permettra de masquer partiellement l'intérieur des bus. Les véhicules de l'ambassade sont tous équipés de plaques diplomatiques et l'on peut espérer que ce paramètre sera déterminant pour notre protection. Mais les talibans qui viennent d'arriver ne semblent pas encore organisés, ni au fait de la réglementation internationale. Et, même si c'est le cas, encore faut-il qu'ils soient disposés à la respecter.

En début de soirée, les réfugiés de la zone 3 sont donc regroupés dans le jardin de la résidence, mitoyen de la zone d'hébergement du complexe Lafayette. Nous sommes très vite confrontés à des récriminations violentes. De nombreux réfugiés ont des parents en zone 2 et manifestent leur désarroi pour certains, leur colère pour d'autres. Je décide d'aller extraire une nouvelle fois des personnes de la zone 2, non sans mal, et de les intégrer au groupe de départ. Cela nous oblige à limiter le volume des bagages, qui seront abandonnés au profit de passagers supplémentaires.

Le départ doit se faire depuis le parking situé devant le perron principal de l'ambassade. Les manœuvres des bus y seront facilitées, et l'opération y gagnera en discrétion. Il faut aussi former dans l'urgence nos gardes afghans qui servent au portail Lafayette, à l'utilisation des pupitres qui commandent les mécanismes d'ouverture et de fermeture du portail principal. La majorité de ces gardes afghans ont été recrutés récemment pour remplacer ceux qui ont été relocalisés, et la confiance que nous leur accordons n'est évidemment pas la même. Mais nous n'avons pas le choix et, si elle paraît futile à première vue, cette synchronisation des quatre mouvements d'ouverture du portail est indispensable pour la réussite de la manœuvre. Elle constitue à ce stade un véritable enjeu opérationnel.

Wahid, le plus jeune des gardes, n'est pas rentré chez lui depuis trois jours. Diplômé de l'école de génie civil de Kaboul, il est ingénieur en infrastructure et parle parfaitement anglais. En moins d'un mois, il a déjà acquis les rudiments de la langue française. Il a suivi toutes nos opérations depuis le 15 août, m'aide de temps à autre pour des tâches qui ne sont pas les siennes et semble fasciné par notre engagement. Le soir de notre départ, il me demande : « Pourquoi faites-vous tout ça ? Nous ne sommes pas français, vous dépensez toute votre énergie pour des gens que vous ne connaissez pas. »

Cette phrase résonne en moi. Elle me ramène deux années en arrière, quand, en août 2019, une jeune

Française d'origine afghane âgée de dix-sept ans avait été emmenée de force et séquestrée par sa famille dans un village taliban, dans les montagnes, à une quarantaine de kilomètres de Kaboul. Durant trois jours et trois nuits, je m'étais acharné à la faire libérer, elle ainsi que ses sœurs, qui subissaient le même sort. J'y étais finalement parvenu après de longues négociations menées par l'intermédiaire d'un Helder[1] de la région. Tout comme Wahid, Reham, le général de la police afghane avec qui je travaillais à l'époque sur ce dossier, ne comprenait pas mon investissement et me faisait part de son admiration pour ce qui relevait, à mes yeux, de l'incarnation des valeurs de mon pays. Reham revenait régulièrement sur cet épisode lors des dîners que nous partagions[2].

Vers 21 heures, les opérations de regroupement s'achèvent et je m'apprête à donner le feu vert aux bus lorsque Hassan m'informe qu'un taliban souhaite me parler. C'est un quatrième interlocuteur, que j'ai déjà aperçu au cours de mes échanges avec Khalil Qari, le fondamentaliste contrarié par l'accueil de femmes seules dans notre enceinte. Ces deux-là, je m'en méfie. Ce sont des psychorigides obsessionnels, des fanatiques – discuter avec eux demande une grande résilience. Ils n'ont rien de commun avec Nangialay et Abdul Rahman.

1. Vieux sage dans les tribus afghanes qui jouit d'une autorité morale et sociale.

2. Un an plus tard, c'est une Française convertie à l'islam qui enlevait ses deux enfants et quittait la France avec son nouveau compagnon afghan pour s'installer en Afghanistan, dans un village de la province de Kounar, infestée par les membres de l'État islamique du Khorasan, la branche régionale de Daech. Fort d'une première expérience, je n'avais eu aucune peine à mobiliser les services afghans et, en moins de quarante-huit heures, la famille avait été localisée. Mais, cette fois-ci, c'était la mère qu'il avait fallu convaincre du bien-fondé de mes démarches.

La majorité des talibans que je rencontre présentent peu ou prou le même profil. Ils sont issus des madrasas de Quetta ou de Peshawar, ces universités du terrorisme qui pullulent au Pakistan. Ils ont le même regard étrange, à la fois perçant et fuyant, et la même posture mécanique, un peu raide.

Un seul profil, donc, mais plusieurs individus, des esprits robotisés. Ils ne parlent pas le dari, l'une des deux langues officielles en Afghanistan, seulement le pachto, la langue commune avec le Pakistan, parlée par près de 30 millions de personnes, principalement dans les zones tribales pachtounes frontalières du Balouchistan et du Khyber Pakhtunkhwa. Dans le contingent que j'ai sous les yeux, une évidence s'impose : beaucoup de ces talibans viennent du Pakistan. Les talibans d'Afghanistan, eux, maîtrisent les deux langues et je retrouve souvent chez eux la même insouciante désinvolture que chez les Afghans que je côtoie depuis cinq années.

Je dois rencontrer ce nouveau taliban qui m'attend devant le portail Lafayette, alors que tout le dispositif de sécurité a basculé de l'autre côté. Roméo et son équipe du RAID sont occupés par l'organisation du départ et l'encadrement des réfugiés qu'ils acheminent au plus près du lieu du rassemblement. Je n'ai plus le temps de m'inquiéter de ma sécurité et je sors seul avec Hassan. Mon interlocuteur est accompagné de trois talibans armés jusqu'aux dents, qui me dévisagent avec un air menaçant. À ce moment précis, je constate, non sans inquiétude, l'absence de Nangialay. Accaparé par les préparatifs du départ, je n'ai pas noté le silence inhabituel de ce dernier qui, depuis quelques heures, ne communique plus.

Le taliban m'interpelle sèchement, d'une voix métallique. Je crains que mes multiples stratégies avec mes différents interlocuteurs n'aient été percées à jour.

Discrètement, je glisse ma main dans le dos pour la rapprocher de l'arme que je dissimule et que je porte constamment sur moi, un Glock 26, petit format qui tient dans une poche, et sans lequel je ne me suis jamais déplacé en cinq ans de service – un réflexe que j'ai gardé de mon passage en BRI, la brigade de recherche et d'intervention de Versailles.

Pendant que ce taliban agressif me parle en dari, j'imagine déjà le coup suivant. De mon autre main, je cherche dans ma poche le numéro de téléphone d'Abdul Rahman le pragmatique, et répertorie dans ma tête les multiples arguments que je pourrai lui servir.

Mon cerveau est en ébullition. Mystère du corps humain, mes sensations me rappellent une autre aventure vécue à Aubenas, en Ardèche, en 1994, quand, planqué dans les combles d'une maison de plain-pied, j'écoutais et observais les moindres gestes d'une équipe de braqueurs de haut niveau qui préparait une attaque de la banque de France à Perpignan. C'était alors le même sentiment d'oppression et de malaise. J'étais seul, sans couverture, et je ne pouvais compter sur personne si la situation dérapait.

La tension retombe d'un coup quand Hassan, mon traducteur, prononce le mot « affiche ». Je prends un air faussement excédé et réponds en haussant la voix : « Je ne comprends pas, quel est le problème avec cette affiche ? »

Ce taliban, manifestement à cheval sur les détails et très procédurier, change de ton et, cette fois plus posément, énumère les points qui le dérangent en dépliant un à un ses doigts, qu'il agite devant mon visage. Il souhaite un document imprimé, revêtu d'une signature et d'un tampon officiel… Je lui réponds que nous n'avons plus les moyens d'imprimer quoi que ce soit, mais que je ferai le nécessaire dans l'heure pour obtenir la signature et le tampon. Pressé de me débarrasser de l'importun, je m'y engage formellement. Promesse de Gascon, car je sais que je n'ai plus le temps de rien.

Avec retard, je donne enfin l'instruction aux chauffeurs des bus de faire mouvement vers l'ambassade. Dans le même temps, Nangialay, qui a enfin réapparu, est informé de l'arrivée imminente des bus au niveau du check point de Zambaq.

Le temps file. Les véhicules ne sont toujours pas annoncés et Nangialay n'est soudain plus joignable. Quelque chose ne va pas. Je décide de sortir seul, une fois encore, pour comprendre ce qui se passe au check point ; j'espère apercevoir les phares des premiers bus.

Je ne vois aucun véhicule en attente, mais je découvre une grande effervescence au niveau du check point, où sont massées des centaines de personnes. À cet instant, je devine dans la pénombre la silhouette familière de Nangialay. Il débouche de derrière les T-Wall qui encadrent l'une des portes d'accès du complexe Lafayette. Je ne reconnais pas l'expression de son visage. Ni son allure. Il s'est coupé les cheveux.

Dans un premier temps, j'imagine qu'il essaie d'entrer en contact avec nous, sans savoir que nous ne sommes déjà plus dans cette partie, mais côté résidence. Je m'avance vers lui et lui demande pourquoi les bus ne sont toujours pas arrivés. Il me répond d'une voix blanche : « Pas d'inquiétude, ils sont là. Mais je dois d'abord vous parler d'une chose importante. » Il se rapproche de moi, et chuchote : « Je veux partir, je veux moi aussi rejoindre le convoi. » Ses yeux pétillent comme ceux de Wahid, le garde afghan, et sur un ton soudain plus enjoué il me murmure : « Je veux quitter ce pays… je veux une autre vie pour ma famille, un

avenir pour mes enfants et faire des études en France. »
Il n'a pas terminé sa phrase que des ombres surgissent à l'endroit d'où il vient. Une femme s'approche de nous, elle porte dans ses bras un nourrisson et tient par la main un très jeune garçon, apeuré. Il s'agit de son épouse et de ses deux enfants.

Je suis abasourdi mais ne laisse rien transparaître. Depuis dimanche, les difficultés s'amoncellent, parfois des plus improbables. Mais celle-ci est d'une autre dimension. Nangialay n'est pas aussi naïf que l'on aurait pu le croire. Il suit une stratégie bien réfléchie.

Il ne faut pas être grand clerc pour comprendre que, à la seconde où je lui opposerai un refus, tout le projet périclitera. De fait, voyant que je ne réponds rien, Nangialay abat sa dernière carte : « Nous devons absolument partir avec vous, sans moi les bus ne pourront pas entrer. » Je reste silencieux et réfléchis à toutes les options, mais l'heure tourne et je n'ai plus le temps de penser.

Je suis sensible à sa demande. Comment ne pas l'être face à ces deux jeunes enfants ? Nangialay m'a apporté son aide, il ne ressemble pas aux autres talibans. Il est plus intelligent, plus fin. Il n'a rien de ces jeunes endoctrinés des madrasas du Pakistan, aux profils identiques, reconnaissables à leur air d'illuminés. C'est probablement un taliban de la dernière heure, un opportuniste qui joue sa propre partition, mais je ne sais rien de lui. Je ne sais pas qui il est vraiment, ni quelles sont ses intentions réelles.

Je prends la décision de les faire entrer. Si d'aventure nous parvenons à destination, nous leur réserverons une procédure particulière, un cordon sanitaire qui nous permettra de les isoler et de les sonder. Dans le jargon des services de renseignement, on appelle ça un

« débriefing ». J'en informerai plus tard l'ambassadeur afin qu'un dispositif soit prévu dès notre arrivée.

Martin me rejoint. Il appuie ma décision. Maintenant, nous devons donc emmener Nangialay et le groupe de ses proches conduit par Ahmad M., le fils du général de la police afghane, qui se tient près de nous. À ce moment précis, nous sommes toujours sur le site Lafayette, et j'ai encore la possibilité de les écarter. L'embarquement et le départ des bus se dérouleront hors de leur vue, dans la zone de la résidence, à laquelle ils n'ont pas accès.

Impatient, j'interpelle Nangialay : « Nous avons perdu trop de temps, nous devons partir maintenant. Donnez vos instructions pour que les bus puissent franchir le check point. » Nangialay acquiesce. Il est sur le point de donner son feu vert quand Ahmad M. le retient d'un geste brusque et m'interpelle d'une voix furieuse : « Aucun bus ne viendra si vous ne nous conduisez pas avec les autres dans le jardin. Nous savons parfaitement ce que vous préparez. » Il a manifestement saisi la manœuvre, informé sans aucun doute par ceux qui s'y trouvent déjà. Les réfugiés communiquent sans arrêt d'une zone à l'autre par téléphone.

Cette réaction m'inquiète. Elle signifie que les personnes restées en zone 2 ont également cette information et peuvent à tout instant tenter de rallier la résidence en escaladant les murs d'enceinte, quitte à s'enchevêtrer dans les fils barbelés qui les surplombent. Il faut faire vite et déclencher l'opération.

Nangialay et son groupe sont transférés sur le parking, où ils rejoignent des proches de familles qui ont été séparées, parmi lesquels ceux de Wali. Au total, la famille et la belle-famille de Wali, qui nous a rendu d'inestimables services, compte cinquante-neuf membres.

Les bus arrivent finalement vers 22 heures, au lieu de 21 heures comme prévu. Les étoiles et la lune éclairent le site de leur faible lueur, et les bus semblent briller dans le crépuscule. Ils n'ont encore subi aucun contrôle ni examen de sécurité. Roméo déploie trois de ses hommes du RAID, des experts en explosifs capables de détecter un éventuel IED, un « engin explosif improvisé », cette arme redoutable qui a tué des milliers de civils afghans au cours de la dernière décennie. L'opération est risquée, mais indispensable. La tension est palpable, le temps s'étire, mais vingt minutes plus tard les trois policiers ont fini leur inspection et n'ont rien trouvé.

L'embarquement peut enfin commencer, sous la surveillance de mes collègues policiers, qui fouillent un à un les conducteurs puis les passagers qui montent dans les véhicules. Il s'agit là d'une opération tout aussi délicate, celle de la palpation des femmes, geste sensible dans un pays musulman. Mais, face à l'urgence de la situation et au stress qui atteint son paroxysme, nous ne relevons aucune objection. Les personnes se répartissent dans les bus, et s'entassent comme elles le peuvent lorsqu'il n'y a plus de place. J'affecte un bus au groupe Nangialay/Ahmad M., il leur sera exclusivement dédié. Mon idée est de le positionner en queue de convoi pour faciliter leur identification et leur désignation à notre arrivée.

Mais, avec un instinct inattendu, Ahmad M. exige de monter dans un véhicule noyé dans la masse. Il veut cacher sa présence. Lui, le magistrat, fils d'un général de la police afghane, a sans doute gros à perdre s'il est découvert. J'accède donc à sa demande, à contrecœur, et leur affecte un bus en milieu de convoi dont j'interdis l'accès aux autres réfugiés.

Semaj, Yrollam et Daïr, mes trois protégés, qui étaient

restés jusque-là incognito dans le groupe de la zone 3, ne peuvent prendre place dans les bus. Ils risquent d'être reconnus et arrêtés par des talibans lors d'un contrôle. Nous connaissons le sort qui leur serait réservé s'ils étaient pris – une mort certaine. Nous les dissimulons dans les coffres de nos voitures blindées, sous des sacs, des gilets pare-balles et des bagages divers. Dans les véhicules, il fait une chaleur étouffante et dans les coffres, c'est pire encore. Mais c'est le prix à payer, et le trajet ne devrait pas excéder une vingtaine de minutes.

« Nous ne savons pas combien de temps va durer le voyage, ni ce qui va se passer. Quoi qu'il arrive, quoi que vous entendiez, vous ne bougez pas », leur dis-je. Avec son flegme inébranlable, Semaj me répond : « Nous n'avons aucun doute, Mo, et nous vous faisons entièrement confiance. Nous resterons immobiles comme des sphynx. » Si Semaj, Yrollam ou Daïr étaient découverts par les talibans, nos vies à tous se trouveraient en danger.

Wali, Nangialay et Martin prennent place à l'arrière, dans le véhicule 4 × 4 de tête qui va guider le cortège. À mes côtés, au volant, s'installe JC, un major de police, qui va ouvrir la route, car c'est lui qui connaît le mieux les itinéraires. JC est arrivé il y a deux mois, avec la mission de protection du RAID, qui se relaie tous les trois mois. Il avait déjà passé trois années au sein du détachement de sécurité, entre 2017 et 2020. C'est un vieux routier qui a une parfaite connaissance de toutes les procédures de sécurité et du plan des rues de Kaboul. Sa présence n'est pas un hasard, elle a été sollicitée en prévision d'une dégradation des événements qui nécessiterait des hommes plus expérimentés. J'ai beaucoup d'estime pour JC, que je connais bien, et une confiance aveugle en lui. Certains soirs, ce fan absolu de Johnny

Hallyday faisait résonner ses chansons à travers tout le campus. C'est surtout un ami, un homme pour qui amitié et fraternité ne sont pas des mots vides de sens.

Le départ est imminent lorsque je reçois l'appel de l'ambassadeur, qui m'informe du feu vert de l'Élysée, du chef de l'État en personne qui, nous l'apprendrons plus tard, suit minute par minute les événements. Je réalise à cet instant la portée de mes actes et de mes décisions. Mon attitude et mon assurance ne relèvent pas d'une quelconque défiance vis-à-vis de l'autorité ou d'une forme d'insubordination atavique, mais plus simplement d'une forme de pragmatisme opérationnel. Nous sommes les premiers de cordée et de nombreuses vies dépendent de nous.

Je n'ai aucune certitude, je n'ai que des doutes, c'est ce que je me répète sans cesse dans l'adversité. Beaucoup ont pu se poser des questions, se demander d'où me viennent la confiance et la détermination qui m'animent. Je me fie à mon intuition, à mon raisonnement et à mon expérience. Ai-je le choix ? J'ai trop souvent dû marcher sur un fil, m'accorder à l'imprévu. Ce n'est pas du courage, seulement une forme de devoir, d'allégeance à la vie – et sans doute aussi mon instinct de survie.

Gardien de la paix

Versailles, 1983

Après ma scolarité d'élève gardien de la paix, à Saint-Brieuc, je fus affecté à Versailles au sein d'une unité d'intervention départementale qui assurait essentiellement des missions de patrouille, de services d'ordre et de maintien de l'ordre public. Le premier jour, je devais prendre mon service avec 5 autres collègues qui débutaient comme moi dans la police et découvraient leur poste. À notre arrivée, les locaux étaient vides. Tous les personnels étaient mobilisés à l'extérieur. Nous avions déjà pris nos marques dans le service, démarches administratives, visite des lieux, en attendant d'être présentés à nos chefs de groupe respectifs.

Vers midi, le parking vide s'anima. Des fourgons de police arrivèrent à la queue leu leu et se garèrent en ordre sous les fenêtres du bâtiment. À ma grande stupeur, je vis descendre des véhicules des hommes en tenue de CRS.

Ce fut un choc. Je ne comprenais pas ce que je faisais ici, dans une unité de CRS. Mon esprit bouillonnait : « Je sors 22e de ma promotion, et on m'affecte là ? Ce n'est pas possible. » À cette époque, les postes en CRS étaient dévolus aux derniers de promotion. C'est le contraire aujourd'hui.

Ravalant ma déception, j'entrai dans les vestiaires pour rencontrer mes nouveaux collègues. Tous me dévisagèrent. J'entendis des ricanements puis quelqu'un lança : « Qui c'est, Mohamed ? » Je levai la main tout en pressentant ce qui allait se passer. Au milieu de gros éclats de rire, le même cria : « Six mois, mon gars, je te donne six mois. » C'était le tarif pour ceux qui n'étaient pas en odeur de sainteté, et mon chef d'unité n'avait visiblement pas apprécié mon affectation sous ses ordres. Il l'avait fait savoir dans des termes que personne n'osa me répéter. Au mieux, ma titularisation serait retardée de six mois, au pire, il trouverait le moyen de me faire virer.

Je commençais à avoir l'habitude de ce type de remarque, et de ce genre de personnage. Au cours de mon cycle de formation à l'école de police, j'avais déjà été ostracisé par un gradé, le directeur adjoint du centre de formation. Ses interventions dans les salles de cours relevaient plus du tribunal correctionnel que de la cellule pédagogique de la direction de la formation du ministère de l'Intérieur.

Il ne cachait pas ses sympathies pour l'extrême droite française, qui progressait dans le pays depuis l'arrivée au pouvoir des socialistes. Il en faisait même l'apologie en public, en plantant ses yeux dans les miens. Dans les couloirs de l'école, cela lui avait valu une caricature qui le grimait en tenue de la Gestapo.

Ce gradé en connaissait l'auteur, il avait de loyaux informateurs parmi les élèves. Mais il avait trouvé sa tête de Turc. Il m'avait convoqué et m'avait demandé des explications. Cependant me renvoyer sur ce motif l'aurait exposé à une enquête administrative, que je ne me serais pas privé de provoquer. Il le savait.

Le jeune homme du bord du canal avait grandi, s'était aguerri, et son cuir s'était épaissi. Il ne s'en laissait plus conter. Il rendait les coups. Mon service militaire, dans un régiment de chars, m'avait aussi construit dans la rudesse, l'adversité et l'hostilité d'un univers où l'on vous juge sur ce que vous êtes, mais aussi sur ce que vous faites. Au fil des mois, j'étais parvenu à gagner le respect de tous mes camarades et de mes supérieurs. J'étais toujours au top et je devais toujours impressionner. Être le meilleur, simplement pour pouvoir être considéré normalement. J'avais fini l'année à la première place – celle qu'on m'avait toujours refusée en escamotant mes résultats d'examens.

Je pense souvent à cette année de service militaire. Je crois sincèrement que la conscription a des vertus. À l'heure où le pays est si divisé et se déchire sur tous les sujets de société, où la cohésion nationale est si fragile, je me souviens avec émotion de mes camarades de régiment : ingénieurs, enseignants, bûcherons, bouchers, ouvriers… chrétiens, juifs, musulmans… antimilitaristes, etc. Tout ce petit monde se côtoyait, se mélangeait, apprenait à se connaître et se mettait au diapason. Même si, pour finir, tous retournaient dans leur foyer et reprenaient leur vie d'avant, ils savaient que la France est faite de disparités.

Dans la police, dans le corps des gardiens de la paix, les policiers en tenue, la mixité en était à ses débuts. Les femmes faisaient leur entrée et essuyaient les plâtres d'une corporation misogyne, qui voyait également débarquer les premiers représentants de minorités issues du postcolonialisme.

L'épisode du vestiaire venait à peine de se terminer lorsque mon chef d'unité, un vieux brigadier-chef bedonnant, me convoqua. Il m'expliqua les règles de fonctionnement générales, et surtout les siennes. J'étais sorti du service militaire avec le grade de maréchal des logis chef de réserve, avec un sens de la discipline, du devoir et du respect de la hiérarchie exacerbé. Mais lui, ce gradé de la police, n'aurait jamais mon respect. Je devinais son racisme viscéral. Il était ulcéré de m'avoir dans son unité, de ne pas avoir été consulté sur mon affectation. « Il s'agit probablement d'une erreur », claironna-t-il.

Il choisissait ses mots avec hésitation, évitant soigneusement de prononcer ceux qui lui brûlaient les lèvres. Il détailla mon service pour les trois mois à venir. Nous étions au mois de juin et il espérait me voir partir d'ici la fin de l'été. En attendant, il ne me faisait aucun cadeau. J'héritai de tous les services ingrats. Dans l'intimité des cadres, il me vouait aux gémonies.

Mes collègues, qui subissaient aussi sa tyrannie de petit chef, étaient pour certains compatissants. Mais la majorité se montraient indifférents, voire parfois complices.

Deux mois plus tard, en plein milieu du mois d'août 1983, un événement allait radicalement infléchir la position de ce brigadier-chef.

J'étais en patrouille avec deux de mes collègues dans la petite ville nouvelle d'Élancourt, située à l'ouest de Versailles. Un appel radio signala des fonctionnaires de police en difficulté dans la commune de Plaisir. Ce n'était pas tout près et c'était hors de notre zone de patrouille. J'étais stagiaire, je n'avais pas voix au chapitre, mais je parvins à convaincre mes collègues de nous y rendre. Ce n'étaient pas des foudres de guerre et, comme pour beaucoup au sein de l'unité, rentrer de patrouille avec une contravention suffisait à justifier l'activité de la journée. Moi, au contraire, je cherchais l'action, l'intervention, le flagrant délit.

En ce début de soirée, une bagarre avait éclaté dans un bar d'un quartier calme et résidentiel de la ville. Des policiers étaient intervenus pour y mettre fin. Parmi eux, la petite unité de mon service, dont les fonctionnaires travaillaient en tenue civile.

À notre arrivée sur les lieux, je vis un attroupement autour d'un individu qui frappait à coups de pied un homme à terre. L'homme au sol était l'un de mes collègues. Personne n'osait s'interposer.

Je me précipitai sans hésiter vers l'agresseur pour le repousser violemment. C'était un géant de près de 2 mètres, qui devait faire plus de 100 kg. Son visage et son crâne étaient couverts de sang, tout comme son tee-shirt déchiré. Il recula sous ma charge et revint vers moi en faisant des moulinets impressionnants avec ses jambes. Pas de doute, c'était un adepte des sports de combat. Je lui fis face et j'esquivai comme je le pouvais les coups de poing et de pied qu'il tentait de m'assener.

Ses coups étaient portés avec force et malgré mes blocages, ils faisaient très mal – mes 65 kg ne feraient pas le poids très longtemps. La dizaine de collègues autour de nous ne bougeait pas, tous restaient étrangement apathiques.

Debout, il m'était impossible d'avoir le dessus, je devais impérativement l'amener au sol. Je l'agrippai aux jambes pour le déséquilibrer. Il tomba aussitôt et je n'eus pas d'autre choix que de l'asperger de gaz lacrymogène pour ne pas lui laisser le temps de se relever. Avec toutes les peines du monde, je parvins à le maîtriser et à lui passer les menottes, aidé par un collègue qui s'était enfin décidé à venir m'épauler. Les amis du boxeur – j'apprendrais plus tard qu'il était champion de boxe française – hurlaient aux violences policières et nous fûmes obligés de quitter les lieux précipitamment.

Mes collègues de l'unité en civil prirent en charge l'agresseur, qui était également le serveur du bar. Il avait visiblement forcé sur l'apéritif – le sportif de haut niveau supportait mal l'alcool. Ils rédigèrent le rapport tandis que je pansais une blessure au poignet qui me faisait atrocement souffrir.

J'eus droit aux remerciements chaleureux du collègue. Lui aussi se trouvait mal en point et contusionné. Ses camarades ne l'avaient pas secouru et il en éprouvait de l'amertume.

La matinée du lendemain commença tambour battant. J'étais en retard pour la première fois, une aubaine pour le chef de section, qui aurait enfin un motif de me saquer, me disais-je. Les événements de la soirée m'avaient quelque peu chamboulé et mon poignet était toujours douloureux. J'avais très peu dormi.

Il était 6 heures du matin quand j'arrivai au service. Tous les regards se tournèrent vers moi, plus bienveillants que d'habitude. L'un de mes collègues s'approcha pour me serrer la main en me lançant : « Super, mec, ce que tu as fait hier ! » Je pris cela avec humilité, mais j'en éprouvais de la fierté. Les accolades ne durèrent pas longtemps, le chef de section surgissait déjà en vociférant dans les couloirs. Il me jeta un regard noir et s'enferma dans son bureau avant de m'y convoquer quelques minutes plus tard.

J'eus à peine le temps d'entrer qu'il m'exhiba une page du quotidien régional : « Vous pouvez m'expliquer ça ? » On m'y voyait sur une photo, les mains et la chemise maculées de sang, à califourchon sur le dos de l'individu interpellé la veille. Son visage était couvert de sang et on apercevait une méchante blessure sur son crâne. L'article était accablant pour la police, l'accusait de violences illégitimes et me tenait pour responsable d'un tabassage en règle. Pourtant les faits étaient tout autres. C'est au cours d'une bagarre avec des clients du bar qu'il avait été frappé avec une bouteille en verre. Elle lui avait éclaté le cuir chevelu bien avant que les services de police n'interviennent. Plusieurs clients du bar pouvaient en témoigner, comme ils pouvaient témoigner aussi qu'aucun coup n'avait été porté par des policiers.

Je n'eus pas le temps d'ouvrir la bouche qu'il m'informait déjà que j'allais probablement être suspendu. Le commandant de compagnie était en chemin. Je perçus chez lui une forme de contentement, de jouissance à m'annoncer que mon avenir dans la police s'assombrissait. Joignant le geste à la parole, il sortit ma fiche de son classeur et commença à énumérer les effets que je devais restituer.

Je restai stoïque, imperméable à ses sarcasmes, ce qui eut le don de l'agacer plus encore. C'était une posture de façade, en réalité j'étais affecté et je contrôlais comme je le pouvais l'angoisse qui s'emparait de moi. Je me sentais en insécurité et fragile, même si l'on ne pouvait rien me reprocher. Je devinais que la photo et l'image qu'elle renvoyait de la police pouvaient constituer un prétexte pour se débarrasser de moi. Je me méfiais de tout le monde et prêtais à tous la malveillance de quelques-uns.

Le commandant ne tarda pas à arriver et, dans son sillage, une cohorte de responsables de la Direction départementale des polices. À une heure aussi matinale, c'était plutôt rare. Il y avait de la remontée de bretelles en perspective et il me semblait que j'étais aux premières loges. Je ne saisissais pas bien la situation, je n'avais rien à me reprocher. Dépité, je me dirigeai la tête basse vers la salle de commandement, où j'étais attendu. Héros un jour… sacrifié le lendemain… C'est ainsi que l'on aurait pu résumer la situation.

Les autorités n'avaient pas encore pris connaissance des comptes rendus écrits dans la nuit. Ils étaient en train de les parcourir lorsque je pénétrai dans la salle plongée dans un silence de cathédrale. L'ambiance se détendit au fil de leur lecture et les visages parurent moins crispés.

Le commandant leva les yeux vers moi et, avec un air circonspect, me demanda ce que je faisais sur cette photo. Je lui relatai les événements qu'il était censé connaître au vu du rapport. Mais il y avait un problème : je n'y étais pas mentionné et toute l'intervention où je m'étais illustré était portée au crédit de l'unité civile de la compagnie. Le chef de cette unité, qui était également présent, tenta de se justifier en prétextant qu'il avait voulu éviter d'exposer un jeune stagiaire.

Lorsque les autorités m'adressèrent des compliments, le chef de ma section jubila et, plus hypocrite que jamais, vint se positionner à mes côtés pour montrer tout le soutien qu'il m'apportait. Il espérait ramasser les lauriers de cette affaire qui mettait en lumière le travail de la compagnie. Il faillit s'étrangler quand ces mêmes autorités me proposèrent de rejoindre la brigade départementale en civil, le fleuron de la police du département. Il pesta tant qu'il pouvait, arguant que j'étais le meilleur élément de sa section et qu'il tenait absolument à me garder.

J'étais soudain serein, libéré, j'allais pouvoir maintenant exercer pleinement mon métier. J'étais enfin fonctionnaire de police, gardien de la paix, flic, condé, poulet, schmitt, keuf… Beaucoup de sobriquets et pas tous affectueux, loin s'en faut.

Il y eut d'abord les années d'initiation. Je découvrais un monde. On s'en prenait plein la figure et surtout plein les yeux dans les cités de banlieue aux noms poétiques. Mais, de poésie, il n'y en avait aucune dans ces zones de relégation où misère, chômage et délinquance restaient les principaux acteurs de la fracture sociétale, qui ne disait pas encore son nom.

J'étais plongé chaque jour dans les entrailles de la société et je me rendais à l'évidence : être flic, ce n'était pas seulement courir après les voleurs, les malfrats. C'était se trouver constamment au chevet de la société, répondre à tous ses maux, alors même que les réponses nous manquaient. En première ligne pour protéger la population, mais aussi pour tempérer ses ires et son hubris. À cette époque déjà, la fonction policière jouait le rôle d'un régulateur sociétal et devenait le réceptacle de la schizophrénie française.

Un long convoi

Kaboul, nuit du 17 au 18 août 2021

Vers 22 h 30, après les ultimes recommandations aux chauffeurs, je jette un dernier coup d'œil à la rue maintenant déserte. J'entends au loin une rumeur sourde qui vient du check point de Zambaq. Je distingue dans la lueur des lampadaires les ombres des gardes talibans qui agitent toujours leurs kalachnikovs sous le nez des femmes, des enfants et des hommes qui campent devant eux et dirigent leur regard vers l'ambassade de France, siège de leurs aspirations, promesse d'une nouvelle liberté. Ils verront bientôt le long cortège de voitures et de bus sortir et s'en aller dans le sens opposé, et leurs espoirs s'envoler. Car nous n'allons pas emprunter l'itinéraire le plus direct par le check point, mais celui qui nous mène vers les bords de la rivière, en longeant le palais présidentiel. C'est ce qui a été convenu avec Nangialay.

Je donne enfin le signal du départ, les moteurs vrombissent avec une intensité qui traduit la fébrilité et l'anxiété des chauffeurs. Derrière les vitres des autobus qui défilent un à un devant moi, j'observe les multiples visages, un contraste saisissant d'expressions où se mêlent joie, fatigue et anxiété. Le convoi s'immobilise dans la rue en direction du palais présidentiel. Il s'étire sur près de 300 mètres, que je parcours à pas rapides pour rejoindre le véhicule de tête dans lequel j'embarque à l'avant, au côté de JC, glissant comme je peux mon encombrant fusil le long de ma jambe.

Nangialay est enfoncé dans son siège, coincé entre Wali et Martin, une casquette vissée sur la tête. Avec son jean et son tee-shirt moulant, impossible de reconnaître le taliban qui, quelques heures auparavant, dirigeait encore le check point de Zambaq. Wali et Nangialay sont en grande discussion.

« Nangialay me dit qu'il faut faire demi-tour, ce n'est pas la bonne direction », me crie Wali, qui traduit les propos de Nangialay. Celui-ci est très nerveux, il paraît même un peu effrayé. Il est en train de déserter ; s'il était découvert, il serait exécuté sur-le-champ.

Je fixe Nangialay dans les yeux. Je me retiens de lui crier dessus : « Ce n'est pas ce qui est convenu, on doit passer par la rivière. »

« Impossible ! Personne ne peut passer par le palais présidentiel », nous déclare Nangialay. Il était pourtant censé obtenir de sa hiérarchie et des services de sécurité de la présidence un droit de passage. Manifestement, il n'en a rien fait. Nangialay a finalement préparé notre sortie dans le plus grand secret et en haut lieu : les talibans, du moins ceux du palais, ne sont pas informés de l'opération, même s'ils ont été sensibilisés à notre désir de quitter la zone. Nous sommes dos au mur et nous n'avons pas d'alternative. Cela bouscule entièrement notre plan routier, et remet en question notre stratégie.

Il nous faut donc passer par le check point de Zambaq[1], au contact de l'imposante foule qui y est

1. *Cf.* carte de l'itinéraire p. 12.

massée, mais aussi par celui de Massoud où, à n'en pas douter, les talibans ont positionné d'importantes forces de contrôle. Cet axe mène directement à l'aéroport. Tant pis, nous devrons rejoindre notre itinéraire initial via le rond-point Abdul-Aq, appelé « rond-point des Français » parce qu'il mène à Warehouse, l'ancienne base militaire française. En mon for intérieur, j'espère qu'il nous portera chance.

Sur le check point de Zambaq, il règne une grande effervescence. Plusieurs centaines de personnes, rassemblées de part et d'autre de la route, font face à des dizaines d'hommes armés, des talibans, qui tentent de les contenir. Mais les talibans sont débordés, la gestion démocratique des foules, que l'on appelle plus prosaïquement le « maintien de l'ordre », demande un savoir-faire qu'ils ne possèdent pas.

Face à nous, un pick-up occupé par de nombreux talibans est à l'arrêt, moteur tournant, et semble nous attendre. À l'avant, côté passager, je reconnais immédiatement le taliban « procédurier », celui qui s'était montré très pointilleux avec l'affiche dépourvue de signature et de tampon officiel. Il descend du véhicule et s'approche de nous, tout en me fixant d'un air de défi. Il scrute l'intérieur de notre 4 × 4 à travers le pare-brise. Je ne bouge pas, impassible, je soutiens calmement son regard sans saisir ce qu'il veut. Nous tester ? Il s'avance encore, le visage figé, puis sans mot dire rejoint son véhicule et intime à son chauffeur l'ordre de démarrer.

Nous lui emboîtons le pas et nous positionnons derrière lui. Devant nous, sur le plateau du pick-up, une dizaine de talibans armés nous observent. Parmi eux, certains des illuminés que j'avais croisés devant l'ambassade. Je ne comprends pas leurs intentions : nous escorter ou nous impressionner ? Qu'importe, le convoi s'ébranle et nous entamons notre périple vers l'aéroport. Je connais parfaitement le chemin, mais j'ai l'impression de me jeter dans l'inconnu, d'évoluer dans une configuration nouvelle et imprévisible.

Enfin nous sommes en route. J'appelle l'ambassadeur pour l'informer du départ, mais aussi de la présence de Nangialay dans le convoi. Dans ce bref moment d'euphorie, je m'autorise une formule peu protocolaire :

« J'ai une bonne et une mauvaise nouvelle à vous annoncer, monsieur l'ambassadeur.

– Je vous écoute, Mo…

– La bonne nouvelle, c'est que nous sommes en route pour l'aéroport. La mauvaise, c'est que j'ai dû emmener le taliban…

– Ah… » Après un léger blanc, il poursuit : « OK, on voit ça à votre arrivée. »

Au bout de quelques centaines de mètres, le pick-up s'arrête. Trois hommes en descendent brusquement et se dirigent vers nous. J'ouvre ma portière pour leur signifier que c'est avec moi qu'ils doivent discuter. Je ne descends pas du véhicule et me tourne de trois quarts pour masquer une partie de l'habitacle, l'angle dans lequel se trouve Nangialay, qui essaye de se fondre dans le siège en cuir de notre 4 × 4. Les talibans à l'arrière du pick-up descendent également et se déploient sur la chaussée. Nous découvrons alors que plusieurs pick-up ont pris position le long du convoi.

La tension, déjà élevée, monte d'un cran. Avant de couper ma radio pour dialoguer avec eux, j'écoute les messages qu'échangent les membres de l'escorte. Ils se préparent au pire, et donc à entrer en action. Dans l'habitacle, j'entends le bruit des crans de sûreté des HK G36 que Martin et JC viennent d'ôter de leurs armes.

Le « procédurier » s'approche du véhicule et m'interpelle en dari. Il s'attend que je descende du véhicule, mais je reste vissé à mon siège, mon Glock 26 caché sous ma cuisse gauche. À ce stade de l'opération, notre dispositif est en mode offensif et je ne peux prendre le risque de devenir une gêne pour mes collègues ou, pire, d'être pris en otage.

Si je descendais du véhicule et qu'un problème survenait, Roméo et son équipe du RAID réagiraient aussitôt et se trouveraient exposés. Jamais ils ne m'abandonneraient, même au prix de leur vie, ni eux ni aucun des gardes de la sécurité diplomatique. Je dois mesurer mes actions au millimètre car, à cet instant, elles impliquent plus que ma seule personne.

Le taliban procédurier essaie de s'approcher au plus près de l'habitacle, ses yeux scrutent l'intérieur du véhicule, mais je l'en empêche avec la masse de mon corps, en m'asseyant au bord du siège et en me penchant le plus possible en avant. J'ouvre en même temps des angles de tir pour Martin et JC.

Le procédurier me demande, sur un ton dur et suspicieux : « Où allez-vous ? » Ses hommes et lui se sont pourtant postés devant nous comme s'ils voulaient nous escorter. J'ai dû mal interpréter leurs intentions, cet homme a de toute évidence un autre dessein. Je lui réponds, impavide : « Nous souhaitons rejoindre l'aéroport militaire. »

Il réagit vivement, les yeux tranchants comme des lames de rasoir : « Vous n'êtes pas autorisés à rejoindre l'aéroport. C'est interdit ! Vous devez immédiatement retourner dans votre ambassade. »

Manifestement, durant les quelques centaines de mètres que nous venons de parcourir, il s'est passé quelque chose et j'entrevois toutes les hypothèses. Une fois de plus nous sommes tombés dans une ornière et nous nous trouvons à la merci de notre prétendue escorte. Nous ont-ils tendu un piège ? Veulent-ils nous prendre en otage ? Cela me traverse l'esprit. Mais cela ne correspond pas aux garanties d'Abdul Rahman, le pragmatique. Il faut maintenant jouer une partie bien plus serrée et se montrer malin. Le sort de l'opération tout entière en dépend.

Je secoue la tête et lui oppose un refus catégorique : « Je ne comprends pas, vous savez comme moi que nous avons l'accord de vos supérieurs hiérarchiques. C'est à leur demande que nous avons organisé ce départ, avec toutes les personnes de l'ambassade. Vous connaissez le chaos qui règne là-bas et les difficultés que nous avons rencontrées pour pouvoir partir sans incident… Il est impossible que nous retournions à l'ambassade. »

Je lui cite alors les noms d'Abdul Rahman et de Qari, ses supérieurs, lui rappelle nos précédents échanges et ses reproches concernant le désordre qui régnait devant l'ambassade, le problème de sécurité qu'il engendrait pour le palais présidentiel.

La mine du procédurier change à mesure que j'égrène les noms de ses autorités et les points qui leur posaient problème, points que notre départ est en passe de régler. Il ne peut être insensible à mes arguments, lui qui est obsédé par les petits détails. Là, je lui en sers de grands.

Déstabilisé, il s'éloigne. Il doit parler avec ses chefs.

Quelques minutes plus tard, il revient, l'air satisfait : « Mes chefs vous demandent de faire demi-tour. » Je joue l'agacement : « Vous nous faites perdre notre temps ! Notre ambassadeur et les autorités militaires américaines nous attendent. »

J'enfonce le clou en lui précisant qu'Abdul Rahman a été mandaté par Khalil Haqqani en personne : « Depuis Doha, Haqqani a donné des instructions pour que les talibans de Kaboul nous apportent toute l'assistance dont nous avons besoin. » Joignant le geste à la parole, je saisis mon téléphone portable : « Je dois l'appeler moi-même ? » Dans le même temps, je lui tends le petit papier sur lequel sont inscrits son nom et son numéro de téléphone.

Le procédurier perd son arrogante assurance et sans un mot s'éloigne pour téléphoner. Je suis fébrile, j'ai la bouche sèche, mais je sens que je suis en train de gagner la partie. L'appel s'éternise, le temps s'étire. De toute évidence, notre cas suscite un intérêt particulier et c'est toute une chaîne hiérarchique qui est à présent sollicitée pour décider de notre sort.

Mon interlocuteur revient enfin : « Vous pouvez poursuivre votre route, mais nous ne pouvons pas vous donner l'aide demandée. Notre hiérarchie ne nous autorise pas à vous escorter, elle refuse de prendre toute responsabilité vous concernant. Vous devrez assurer seul la sécurité du convoi. Et, en cas de problème, les talibans ne pourront en aucun cas être tenus responsables. » Je fais mine d'être contrarié, pour lui laisser croire que je suis déstabilisé par cette réponse : « Ce n'est pas du tout ce qui avait été convenu. Mais nous n'avons plus le temps de discuter. Je prends toute la responsabilité de ce voyage. »

Je crois en avoir fini avec le procédurier, mais ce dernier exige une ultime formalité. Il me demande d'enregistrer sur son téléphone portable un message en anglais dans lequel je déclare solennellement que je suis conscient des risques, qu'en tant que représentant de l'ambassade de France j'assume la responsabilité de mes actes et qu'en aucun cas les talibans ne pourront être tenus responsables du moindre incident. Je me plie à cette dernière procédure et, une fois mon message enregistré, il le transfère à ses supérieurs.

Après quelques minutes d'attente, qui nous semblent interminables, il se tourne vers moi et me dit avec un sourire : « Le problème est réglé, vous pouvez partir ! *Good bye*, *good luck !* » Je le remercie et nous prenons aimablement congé l'un de l'autre.

Mais, durant cette attente, un incident s'est produit à l'arrière du convoi. Celui-ci s'étire sur plus de 300 mètres, et à l'avant cet événement est passé presque inaperçu. Une partie du public, qui était contenue au niveau du rond-point de Zambaq, a suivi notre cortège et a eu le temps de nous rejoindre alors que nous étions à l'arrêt. La foule a rôdé autour des bus, apostrophé les passagers, en espérant monter dans les véhicules. Certains ont essayé de grimper sur les toits. À l'intérieur, malgré la chaleur suffocante, les passagers, pris de panique, ont dû fermer toutes les fenêtres. Mais plusieurs individus ont tenté de pénétrer dans l'un des bus en brisant les vitres ou en forçant les portières, et des bagarres ont éclaté avant que les talibans ne dispersent les protagonistes à coups de crosse et de rafales de tirs de sommation.

C'est avec soulagement que nous reprenons enfin notre route – ces trente minutes de discussion, d'angoisse, d'attente interminable pour ceux qui n'ont pas assisté aux échanges ont mis nos nerfs à rude épreuve. Notre crainte principale émane des talibans, mais leur inquiétude à notre égard est plutôt rassurante.

À peine repartis, nous rencontrons un nouvel obstacle, matériel cette fois. Une barrière anticamion empêche le passage de notre bus blindé ; il est trop haut. Ces barrières avaient été installées sur différents axes de la capitale au lendemain de l'attentat meurtrier du 31 mai 2017, qui avait visé la zone diplomatique. Nous n'avons pas suivi le trajet habituel, qui mène directement à la partie civile de l'aéroport, et dont nous connaissons tous les obstacles. Nous empruntons d'autres axes, qui nous emmènent plus à l'est, et cette barrière est un imprévu de taille.

Nous devons faire demi-tour. JC connaît un autre chemin qui nous permettra de contourner l'obstacle et de rejoindre la route de l'Est, celle que nous sommes momentanément obligés d'abandonner. Nous n'avons pas d'autre choix que de rouler à contresens de la circulation, sous les regards médusés des talibans que nous croisons, juchés sur leurs pick-up. À cette heure de la nuit, un convoi aussi important, et en période de couvre-feu, ne passe pas inaperçu. Ce changement d'itinéraire nous oblige à emprunter sur quelques kilomètres l'axe sensible de l'aéroport civil.

Les check points se sont multipliés. Il y en a presque tous les 500 mètres. Ils sont tenus par des talibans sur le qui-vive, tout comme nous, et la tension est perceptible à chaque arrêt de notre convoi, dont la longueur inhabituelle leur pose un véritable problème. À peine sortons-nous d'un check point que nous tombons sur le suivant, tandis que le dernier véhicule de notre cortège n'a pas franchi le précédent.

Sur le trajet, nous observons de fortes disparités entre les talibans que nous rencontrons. Certains se montrent fébriles, hésitants, ils ne semblent pas vraiment savoir ce qu'ils font là. Les yeux vides, ils fixent le drapeau français que je déploie derrière le pare-brise, la plaque diplomatique que j'exhibe, ils sourient et nous font signe de passer sans bien comprendre qui nous sommes et où nous allons. D'autres affichent une posture plus agressive et inquiétante, ils nous identifient parfaitement. Ils ne maîtrisent pas la dimension géopolitique de l'instant, mais ils réagissent selon un simple instinct binaire : ami ou ennemi.

À tout moment, la situation peut déraper. À tout moment, tout peut nous échapper. J'appréhende surtout la route de Jalalabad, réputée pour être dangereuse, et que nous allons devoir emprunter sur quelques kilomètres. On ne compte plus les attaques, les attentats-suicides sur cette route qui mène au Pakistan, situé à moins de 200 kilomètres. Vous avez le choix des assaillants : talibans, Daech, loups solitaires ou bandits de grand chemin qui sévissent régulièrement sur l'axe.

Nous roulons lentement pour maintenir la cohésion du convoi. Nous avançons dans les rues du quartier de Macroryan, habituellement très animé jusque tard dans la soirée avec ses marchés pittoresques au pied des barres d'immeubles modernes. Mais, en raison du couvre-feu, les rues sont vides et les seules âmes que nous croisons sont celles des gardes talibans, à pied ou en voiture, qui nous regardent passer sans broncher. Dans la nuit, leurs yeux sombres semblent des abîmes sans fond.

Nous parvenons enfin sur la route de Jalalabad. Elle est déserte. Nous n'avons aucune peine à progresser sur cette large artère, visiblement abandonnée par les talibans, qui nourrissent eux aussi des craintes pour leur sécurité. Mais aucun imprévu ne vient nous surprendre. Au bout de quelques kilomètres, nous nous engageons sur No Lemon Road, une longue ligne droite qui mène à East-Gate, la porte Est de l'aéroport militaire. No Lemon est un quartier connu pour abriter de nombreux complexes internationaux ou organismes gouvernementaux qui ont quasiment tous été l'objet d'attaques violentes. Mais c'était avant que les talibans ne soient devenus les maîtres de Kaboul.

II

L'AÉROPORT, SORTIR DE L'ENFER

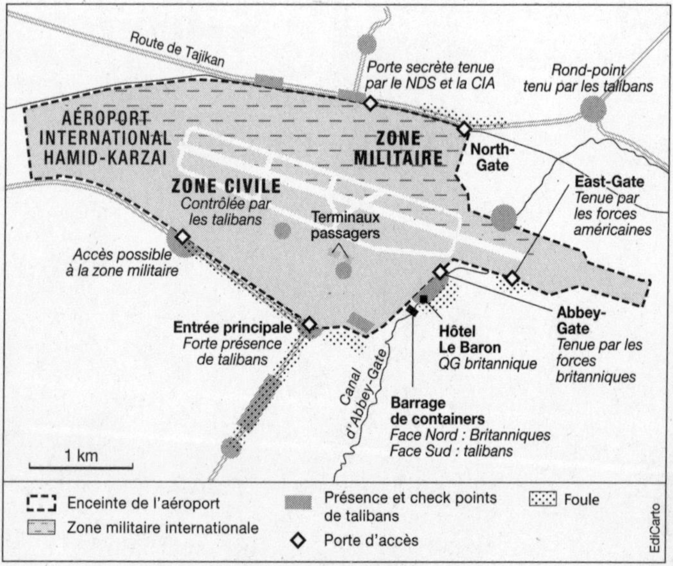

3. L'aéroport de Kaboul
Situation entre le 15 et le 26 août 2021

Arrivée à l'aéroport

Nuit du 17 au 18 août 2021

À minuit, au bout de presque une heure de trajet, nous parvenons enfin à proximité de l'aéroport militaire.

Notre arrivée est laborieuse. Le site est sous le contrôle des Américains, qui ont instauré la loi martiale sur toute la zone et sa périphérie immédiate.

Nous ne sommes pas les seuls à nous rendre à la base militaire. Des civils afghans, valises et sacs à la main, bravent le couvre-feu. Ils avancent à pied par groupes épars, dans la pénombre, le long de la route. Nous les apercevons dans les faisceaux des phares de nos véhicules et, plus nous approchons de notre but, plus les groupes sont importants.

Au fil de notre progression, les communications radio deviennent plus claires. Nous captons les voix de nos collègues qui nous attendent devant l'entrée. Ils nous demandent de suivre le faisceau lumineux que l'on aperçoit au loin. Dans la voiture, où le silence régnait depuis notre départ, l'atmosphère se détend. JC m'agrippe le bras et le serre si fort que je pense un instant qu'il a détecté un danger. Il s'écrie : « Ça y est, les mecs… on y est ! » Les radios se mettent à crépiter et chacun y va de son commentaire. Martial, qui a débarqué dans l'après-midi de l'avion militaire venu d'Al Dhafra, après vingt-quatre heures de voyage depuis la France, nous gratifie d'un : « Putain, les gars, j'ai bien cru qu'on ne vous reverrait jamais ! »

Nous arrivons en vue de la porte Est de l'aéroport militaire. Nous parvenons à nous frayer un chemin au milieu du flot humain qui converge vers l'entrée. Des hommes, des femmes, des enfants regardent passer les bus et se dirigent vers l'inconnu, vers ce qui va être leur enfer durant plusieurs jours. Ils ne le savent pas encore, mais ils ne sont pas les bienvenus.

Nous apercevons bientôt le portail, au-delà de la nuée de personnes amassées devant nous. Les gens s'écartent lentement pour laisser passer le convoi, qui finit par s'arrêter devant un cordon de soldats américains positionné devant East-Gate. De longues minutes s'écoulent, puis le portail amorce un mouvement d'ouverture. Pour s'arrêter soudain au milieu de sa course. Plusieurs soldats s'affairent autour du portail, rien n'y fait, il ne bouge pas.

Il est 0 h 24. Je descends du véhicule pour parcourir à pied la dizaine de mètres qui me sépare de l'entrée et retrouver toute l'équipe de l'ambassade. Je n'en reviens pas d'être là, je suis soulagé et toute la fatigue s'estompe d'un coup. Je me sens léger, je me redresse, délesté du poids que je portais sur mes épaules. L'odeur de la nuit m'enveloppe. À cet instant, je ne pense ni à ce qui vient ni à ce qui s'est passé – et encore moins à la suite.

Après les accolades et les effusions au milieu des militaires américains et français, j'apprends que le moteur hydraulique du très lourd portail blindé vient de lâcher. Il est impossible de faire entrer les véhicules. Il faut faire descendre tous les passagers un à un et les amener jusqu'à l'entrée. Nous avons traversé moult péripéties depuis soixante-douze heures et le périple de cette dernière heure a été éprouvant, nous pouvons bien nous plier à cette ultime formalité.

Les Marines américains sont très nerveux. Ils ont dû reprendre le contrôle de l'aéroport après son envahissement par la population et le chaos qui s'en est suivi. Depuis quarante-huit heures, ils sont à la manœuvre et la fatigue se lit sur leurs très jeunes visages. Ils ont été formés et entraînés pour faire la guerre, pas pour maintenir l'ordre face à des civils déchaînés, poussés par le désespoir et l'hystérie collective.

Nous arrivons avec des centaines d'individus, dont une très grande majorité d'Afghans. La panne du portail constitue une brèche dans le dispositif de sécurité. Elle aurait dû entraîner sa fermeture immédiate et le report de notre opération. Celle-ci est maintenue, mais oblige les militaires à abandonner leur stratégie initiale et à improviser face à un ennemi qui n'en est pas un… jusqu'à ce qu'il le devienne.

Je découvre Semaj, trempé de sueur. Le voyage d'une heure quarante, dans la chaleur du coffre d'un 4 × 4, coincé sous les gilets pare-balles et les Black Box, l'a littéralement essoré – bien plus que la peur et les incertitudes du périple. Il est heureux de retrouver la fraîcheur de la nuit. Daïr et Yrollam le rejoignent, avec le sourire de la liberté, et s'étreignent avant de se fondre discrètement dans la foule.

Les passagers des bus sont regroupés par 10 pour être autorisés à se présenter devant l'entrebâillement du portail, où sont maintenant déployés une cinquantaine de soldats. Hommes, femmes, enfants, tous sans exception sont soumis à une fouille draconienne.

Les bagages sont vidés à même le sol et inspectés

minutieusement avant qu'un chien détecteur d'explosifs ne vienne renifler l'ensemble et valider l'admission à l'entrée sur le site. Sur les visages des Afghans, on peut lire l'épuisement, l'angoisse, mais surtout la détermination à franchir cet ultime obstacle, malgré les humiliations.

Ils doivent ensuite se soumettre aux inspections des forces spéciales françaises, les commandos parachutistes de l'air qui prennent le relais de leurs camarades américains. La fouille est plus souple, menée avec plus de délicatesse et de respect, mais avec la rigueur indispensable au sérieux de l'opération.

Arrivé à East-Gate, où nous attendent l'ambassadeur et le chef de l'antenne DGSE de Kaboul, je leur désigne le groupe de Nangialay.

C'est la dernière fois que je vois Nangialay. Je le regarde s'éloigner vers la zone d'inspection, sans un mot ni un regard.

Le cauchemar de North-Gate

Aéroport de Kaboul, mercredi 18 août 2021

Au sein du centre de regroupement, les gens se congratulent, les enfants courent dans l'enceinte. Les sourires ont effacé les stigmates de trois jours et trois nuits d'angoisse et d'épuisement. À travers les regards fatigués, on peut lire le soulagement, mais aussi la reconnaissance pour ceux qui les ont soutenus jusqu'ici et pour ceux qui les accueillent maintenant. Qu'importent les lits de camp, les rations de combat et les sanitaires de fortune, ils vont enfin quitter leur pays, celui qui les a vus naître mais qu'ils veulent fuir à tout prix. Pour leurs familles et pour eux, l'inconnu sera toujours mieux que l'enfer qui leur était promis.

C'est ce que doit se dire Wahid, le garde afghan de l'ambassade, que j'aperçois par hasard dans le centre de regroupement. Nos regards se croisent. Dans ses yeux, je lis la surprise et la crainte. Peur que je réagisse et lui demande des comptes sur sa présence ici. Il a saisi sa chance et embarqué dans l'un des bus, à notre insu.

Au milieu de la confusion générale qui régnait dans la cour de l'ambassade, personne ne l'a remarqué. J'acquiesce de la tête et je poursuis mon chemin comme si de rien n'était. Son destin va changer. L'ingénieur en génie civil aux belles ambitions risque de perdre ses illusions.

Avant de quitter le centre de regroupement, je passe saluer Abdul Jabar, un Afghan dont le sort me tient à cœur et que j'ai pu emmener après l'avoir fait chercher au check point de l'ambassade, où il était coincé. Abdul Jabar est un ancien policier qui travaillait avec les forces spéciales françaises du temps où l'armée française était présente en Afghanistan.

Le cas d'Abdul Jabar nous avait été signalé au printemps dernier. Le général qui commandait le contingent français à l'époque était intervenu personnellement auprès des cabinets ministériels pour qu'on exfiltre cet homme auquel la France était si redevable.

Au cours d'une opération militaire, il avait donné l'assaut contre une position de combattants talibans. Il était entré le premier dans une maison supposée abriter un important chef taliban que les services français voulaient capturer ou neutraliser. Après avoir abattu plusieurs terroristes, il avait été grièvement blessé. Son action avait permis d'épargner les commandos français qui, s'ils étaient intervenus, auraient subi de lourdes pertes. Depuis, Abdul Jabar était parti vivre à Kapissa, où il était constamment sous la menace de représailles des talibans, tout comme son frère – qui avait fini par être assassiné en 2016. Il ne pouvait plus travailler comme policier, à cause du handicap hérité de sa blessure, qui lui vaut maintenant de porter une prothèse de hanche.

À l'issue de ma visite dans le site, je fais aussi mes adieux aux quelques personnes que je connais et que je ne reverrai probablement plus. Je devine les épreuves qui les attendent, les difficultés innombrables qui seront les leurs dans un pays qui ne les attend pas, des difficultés qu'ils n'entrevoient pas encore. Je m'arrête aussi pour saluer Semaj et Yrollam – qui me promettent de nous revoir bientôt en France. Avec le temps, leur voyage dans les coffres surchauffés de nos 4 × 4 restera sans doute un souvenir épique.

Je rejoins ensuite le « village Thales », comme on l'appelle : le site de l'entreprise française qui a été déserté par la majeure partie de ses employés. Seule reste l'équipe des managers, qui nous accueillent dans leurs locaux et nous offrent le gîte. Un assemblage de containers en acier, de ceux que l'on voit sur les chantiers, aménagés en habitat pour faire office de chambre. Chaque container, un espace d'à peine 8 m^2, loge deux personnes. C'est spartiate, mais suffisant et confortable pour le peu de temps que nous devons y passer.

Nous nous retrouvons dans la zone de restauration, au milieu des containers et d'une odeur de kérosène qui envahit tout l'espace. Les sourires sont de mise et l'humeur plutôt badine. La nuit est déjà bien avancée, il est près de 3 heures du matin, mais nous prolongeons ce moment de retrouvailles autour d'un repas composé de rations militaires et de quelques verres d'alcool que certains ont pu apporter avec eux. Ce n'est pas l'heure du débriefing, mais nous ne pouvons nous empêcher de nous rappeler et de narrer, chacun à notre façon, les heures qui viennent de s'écouler. La tension est bien retombée et chacun peut maintenant se projeter dans l'après-Kaboul. Nous allons enfin pouvoir quitter l'Afghanistan.

Je me couche vers 5 heures du matin pour quelques heures de repos. Mais, malgré la fatigue, il m'est impossible de fermer l'œil au milieu du vacarme des moteurs des appareils qui décollent à une cadence soutenue, à quelques dizaines de mètres de ma chambre. De nombreuses nations sont présentes et le tarmac est encombré des avions-cargos militaires de transport de troupes transformés en transport de passagers. La tour de contrôle ne fonctionne plus, ni le balisage au sol. Les pilotes réalisent des prouesses en volant aux instruments et à vue avec des lunettes à vision nocturne. Les chefs de soute se démènent et déploient des trésors d'ingéniosité pour remplir les espaces.

Un avion américain défiera les lois de la gravité et transportera plus de 800 personnes, multipliant sa capacité par huit, sans battre toutefois le record détenu par Israël en 1991, lors de l'évacuation des Falachas, la communauté des Juifs d'Éthiopie[1].

Sous mon crâne, la tempête n'a pas cessé et m'empêche de trouver le sommeil. J'erre dans mes pensées, en me repassant le film des événements irréels que je viens de vivre. Des sentiments contraires m'envahissent, la satisfaction du devoir accompli et une amertume que je ne comprends pas. La descente d'adrénaline, me dis-je. Je sors fumer une cigarette sur le toit des containers ; le jour est en train de se lever. Le ciel se teinte de rose, comme la promesse d'un renouveau. Le trafic aérien bat toujours son plein et j'entends une clameur au milieu de détonations, non loin de nos nouvelles installations, vers les montagnes, au nord de l'aéroport.

Cette clameur provient de North-Gate, l'entrée que j'empruntais quand je venais tuer le temps dans la base de l'aéroport certains week-ends, lorsque la menace était trop importante pour fréquenter les rues commerçantes

1. Au cours de l'opération, baptisée « Salomon », l'État hébreu évacua en trente-six heures 14 000 personnes. Un appareil transporta près de 1 100 passagers entre Addis-Abeba et Tel-Aviv.

de Kaboul. Le trajet est plus long depuis l'ambassade, mais les axes sont mieux sécurisés que ceux de l'entrée Sud, Abbey-Gate. J'allais au marché afghan de la base, un modèle réduit de Chicken Street, sans le charme de cette rue du centre-ville de Kaboul. La North-Gate est peu fréquentée, elle est éloignée des boutiques et des restaurants, et desservie par un axe routier à quatre voies, la « route des Russes », qui exclut la circulation des piétons. Pourtant, c'est de là que provient le bourdonnement que j'entends depuis des heures.

Je pars seul, à pied, vers North-Gate. Le chemin est facile à trouver, il suffit de suivre les flux de soldats et de véhicules. Au bout de quelques minutes, j'aperçois des files de ressortissants afghans, hommes, femmes et enfants, qui s'étirent sur plusieurs centaines de mètres, encadrés par des cordons de militaires.

Je parviens dans la gare de triage, où les opérations de contrôle, de fouille et d'enregistrement sont réalisées au milieu des immondices et de la puanteur. Sur les visages, je lis l'épuisement, la douleur des hommes et des femmes. Les enfants semblent prostrés. D'où viennent-ils ? J'entends toujours une clameur, des bruits de tirs et de détonations.

Je poursuis mon chemin et j'arrive enfin à North-Gate. Sur place, des dizaines de soldats de plusieurs nations sont présents. Je repère l'écusson de l'armée française et m'approche des militaires. Il s'agit des commandos parachutistes de l'air de la base aérienne d'Orléans, dépêchés depuis la France pour sécuriser l'opération Apagan. Je les avais déjà aperçus au cours de la nuit. Ils ont effectué tous les contrôles de sécurité et pris en charge les centaines de personnes que nous avons amenées.

Arrivés la veille, ils s'étaient déployés sur la zone,

avec pour mission de récupérer d'éventuels ressortissants français qui parviendraient à rejoindre l'une des portes de l'aéroport. Ils sont positionnés en aval de la porte Nord et observent les personnes qui franchissent au compte-gouttes le gigantesque portail d'acier contre lequel est appuyé un immense engin blindé. J'entends toujours cette clameur, qui s'apparente maintenant à des cris, des hurlements qui viennent de l'autre côté du portail. En raison de la loi martiale américaine, il est interdit de sortir de la zone où nous nous trouvons et, bien évidemment, de passer de l'autre côté du portail, vers l'extérieur. Je me dirige tout de même vers son seuil, que je franchis avec les parachutistes français qui m'emboîtent le pas.

Je m'attendais au chaos, je découvre une scène d'apocalypse, une scène de fin du monde, de celles que l'on voit dans les films d'anticipation, où seuls quelques élus peuvent rejoindre l'arche, tandis que les autres tentent vainement d'y monter, au péril de leur vie. Mon estomac se noue et je tente de réprimer les émotions qui m'envahissent, un mélange d'angoisse, d'horreur et de sidération. J'ai devant moi ce qui a toutes les apparences d'un camp de concentration à ciel ouvert. Des milliers de personnes encerclées de fils barbelés, ou pour certaines enchevêtrées dans ces rouleaux d'épines d'acier, tentent désespérément de rejoindre l'aéroport, la porte de sortie des enfers de Kaboul.

Malgré les coups de matraque, les tirs de sommation, les tirs directs de balles en caoutchouc et les grenades assourdissantes, la foule ne recule pas et subit le martyre qui lui est infligé par un groupe d'hommes qui constitue normalement l'avant-poste de l'armée américaine. Mais ces hommes ne sont pas américains. Ils sont habillés en treillis militaire des unités spéciales du

NDS, les services secrets afghans. Je suis troublé par l'allure de ces hommes à la peau très foncée et aux cheveux longs bouclés, cernés d'un bandana rouge. Leur visage ne trahit aucune émotion et je peux lire dans leurs regards noirs et vides la cruauté des scènes que j'ai sous les yeux.

Tels des automates, ils frappent la foule avec de longs bâtons qui s'abattent sur la tête des pauvres gens qui tentent d'avancer. À un rythme régulier et répété, ils lancent des grenades et déclenchent des rafales de tirs très cadencées. C'est une vision de cauchemar. Ces hommes n'ont aucune considération pour les êtres qui leur font face. Femmes, enfants, nourrissons : personne n'est épargné par ce déchaînement de violence orchestré et mis en œuvre méthodiquement, une véritable taylorisation du maintien de l'ordre poussé à l'extrême. Ces scènes me glacent, je suis habitué à la violence, mais pas à une telle sauvagerie aveugle.

Ces hommes aux bandanas rouges sont de toute évidence des mercenaires à qui le sale boulot est délégué. J'avais déjà entendu parler de ces groupes qui travaillaient pour la CIA. Ils agissaient principalement de nuit, et semaient la terreur dans les foyers de provinces reculées du Sud, fiefs des combattants talibans, qu'ils traquaient. Au cours de leurs raids nocturnes, c'est sans aucun discernement qu'ils intervenaient et se livraient à des exactions sordides sur les populations.

Je ne peux m'attarder plus longtemps sur le site, je me trouve rapidement pris à partie par un officier des Marines puis refoulé rudement derrière le portail. Les parois en acier ne parviennent pas à étouffer le bruit du cauchemar, les cris déchirants et les clameurs. Mais d'ici, il est impossible d'imaginer les scènes insoutenables qui se déroulent juste derrière, à quelques mètres, et qu'aucun journaliste ou caméra de presse ne pourra jamais figer.

Sortir à nouveau, c'est le risque de ne plus pouvoir rentrer. Les Marines ne plaisantent pas avec les ordres. Dépassés par les événements, ils ont fort à faire. En réalité, ils ne contrôlent plus que les portes d'accès, qui menacent de céder à tout moment sous la pression de la population. À l'extérieur, ils ne contrôlent plus rien. Mais personne ne contrôle plus rien, pas même les talibans.

Dehors, c'est le chaos ; à l'intérieur, une fois le portail franchi, c'est le désordre le plus total. Les Afghans qui parviennent à entrer semblent en état de choc. Leurs vêtements sont déchirés, tachés de sang et leurs visages couverts de la poussière grise des montagnes que les vents dispersent sur la ville. Ils sont exténués, hagards, rompus par les violences qu'ils ont subies durant trois jours et trois nuits. Hommes, femmes et enfants portent les stigmates du calvaire enduré. Leurs visages sont tuméfiés, striés par les larmes qui coulent le long de leurs joues, mais par moments des rires de joie résonnent aussi au milieu du brouhaha.

Dans ce tumulte, les soldats hurlent en anglais des ordres que ces réfugiés n'entendent ou ne comprennent pas. Harassés, à bout de patience, les soldats les poussent finalement avec brutalité dans les zones où ils doivent être parqués, triés avant d'être envoyés en file indienne pour rejoindre les colonnes des candidats au départ. Ils sont alors regroupés sous un soleil brûlant, dans la zone d'attente, qui a plutôt l'allure d'une décharge publique tant les immondices s'y amoncellent.

Des listes sans fin

Aéroport de Kaboul, mercredi 18 août 2021

De retour au centre Thales, je retrouve toute l'équipe qui est déjà à pied d'œuvre, personne n'a vraiment dormi. Les militaires de l'armée de l'air, dans le cadre de l'opération Apagan, ont réalisé dans la nuit une première rotation vers la base aérienne française d'Al Dhafra à Abou Dabi. Le pont aérien mis en place devrait pouvoir acheminer près de 400 personnes par jour à bord des deux appareils militaires arrivés la veille, un Airbus ATM 400 et un Hercules C130, qui se relaient pour assurer les évacuations vingt-quatre heures sur vingt-quatre.

La deuxième rotation est prévue dans l'après-midi et l'ultime vol, le nôtre, dans la soirée. Nous en aurons alors fini avec cette odyssée dantesque. C'est du moins ce que croient la majorité d'entre nous, mais ce que je viens de voir m'incite à penser le contraire.

J'entre dans la salle de réunion. L'ambassadeur est assis, penché sur différents documents. Il a les traits tirés comme tous ceux qui sont présents. Il a l'air préoccupé et je vois bien que l'équipe diplomatique, qui a rejoint l'aéroport dès le 15 août, n'est pas dans une dynamique de départ. Tous sont affairés à des tâches informatiques et je ne vois pas le relâchement inhérent à une fin de mission. L'ambassadeur ne tarde pas à répondre à mes interrogations.

Depuis le 15 août, des listes de personnes à évacuer sont transmises par le Quai d'Orsay. Accaparés par la situation que nous devions gérer à l'ambassade, nous n'en avons pas été informés. Plusieurs listes circulent et concernent des Afghans particulièrement menacés par le nouveau régime en place. Artistes, écrivains, comédiens, militants des droits de l'homme, dirigeants d'associations, journalistes, personnalités à haut potentiel et cibles à haute valeur de l'appareil d'État afghan ont été identifiés, recensés et inscrits sur des listes. La plupart des listings émanent de personnalités françaises du monde politique, des arts, du spectacle et des milieux associatifs.

Les listes sont disparates. Pour chaque nom inscrit, il faut aussi ajouter sa famille et l'on est loin des critères de la famille nucléaire. Conjoints, enfants, mais aussi parents, grands-parents, oncles, tantes et parfois amis font partie d'une énumération souvent dictée par les intéressés eux-mêmes.

Nous ne partirons pas ce soir, dans le sillage des personnes évacuées de l'ambassade, c'est maintenant une évidence. Il faut s'atteler à cette nouvelle tâche complexe : identifier, localiser et récupérer ces personnes signalées aux différentes portes de l'aéroport militaire. Encore faut-il les reconnaître au milieu des milliers de personnes qui se pressent devant les quatre points d'accès. Les scènes de chaos auxquelles j'ai assisté à North-Gate ne présagent rien de bon. Dans cette mission improvisée, nos perspectives de réussite sont bien minces.

Ce matin du 18 août, nous entrons dans une nouvelle phase et nous ignorons encore que la tâche qui nous attend est sans commune mesure avec celle que nous avons connue à l'ambassade. Nous allons être les acteurs et les spectateurs de l'une des évacuations de masse les plus difficiles de l'histoire et de la débâcle de la communauté internationale qui regardera, hébétée, se jouer une tragédie humanitaire qu'elle n'aura pas vue venir.

C'est au cours de cette réunion matinale que je découvre avec consternation la confusion qui règne autour du sort du groupe des 150. On les avait laissés à l'ambassade en raison des soupçons d'infiltration d'éléments hostiles et de la menace qu'ils pouvaient représenter. J'apprends que ces 150 personnes sont sur les listes des individus à évacuer. Une cinquantaine sont d'anciens employés de la délégation de l'Union européenne et une centaine, des artistes dont la situation est suivie en France par des réseaux culturels et dont les demandes sont relayées par différentes autorités politiques et gouvernementales.

Cette nouvelle m'affecte et je nourris d'intenses remords en pensant à ces malheureux et au sentiment d'abandon qu'ils ont dû éprouver en constatant notre départ. Je m'en veux de n'avoir pas fait preuve de plus de discernement. Nous nous sommes fourvoyés, influencés par le comportement virulent et hostile de quelques individus et par l'interprétation erronée des images de vidéosurveillance. Comment peut-il en être autrement dans un contexte aussi anxiogène et extrême ?

Je n'ai pas récupéré de la grande fatigue qui s'est accumulée au fil des jours. Mon dos me fait atrocement souffrir, c'est là que se cristallisent toutes mes tensions et mon épuisement. Depuis des années, il est le vecteur de mes alertes. Là, je sens mes muscles dorsaux se contracter de plus en plus, enserrant les os de ma colonne vertébrale dans un étau, et c'est presque le dos voûté que je quitte la salle de réunion pour m'atteler immédiatement à cette nouvelle mission qui devient ma priorité : récupérer coûte que coûte le groupe des 150.

Mon téléphone portable n'a pas cessé de sonner durant ces trois derniers jours. Appels, messages audio, WhatsApp, Signal ou simples textos ont pilonné mon téléphone vingt-quatre heures sur vingt-quatre et ne m'ont laissé aucun répit. Ce n'est rien comparé au tsunami téléphonique qui va suivre. La planète entière essaie de me joindre, me dis-je. Toutes les dix secondes, mon téléphone sonne, vibre ou tinte, à n'importe quelle heure du jour ou de la nuit. Les messages pleuvent, des dizaines et des dizaines de personnes m'adressent de longues listes de personnes à sauver. Des inconnus, souvent, qui m'écrivent en français, anglais et dari. Des étrangers, parfois, qui depuis Londres, New York et même Sydney nous implorent de sauver leurs familles, des amis ou de simples connaissances.

Au plus fort des événements, je reçois entre 400 et 500 appels ou messages en vingt-quatre heures. Certains n'hésitent pas à réitérer leurs tentatives quarante à cinquante fois de suite. La nuit, lorsque j'essaie de fermer les yeux une heure ou deux, sans même prendre le temps de me déshabiller, je sursaute sur mon couchage et mon cœur bat la chamade à chaque bip du téléphone. Tenter de dormir est vain et seule une douche très chaude puis très froide m'apporte un semblant de réconfort. La plupart de mes collègues ne sont pas mieux lotis, également assaillis d'appels et de messages, et nous nous retrouvons hagards devant un café avant de repartir au charbon.

Le groupe des 150 est toujours à l'ambassade, en sécurité. Il dispose des hébergements et de tous les moyens de subsistance nécessaires. Hassan, Mustafa (notre factotum) et Hakim (notre ancien chauffeur), nos fidèles et remarquables collaborateurs de l'ambassade, qui n'ont jamais souhaité quitter leur pays, veillent sur eux. Je les appelle dès la fin de la réunion pour élaborer un plan d'évacuation.

Hassan me dit qu'une foule compacte s'est à nouveau formée devant les portes de l'ambassade et en bloque les accès. Après notre départ, la veille, les talibans n'ont pu contenir un nouvel afflux au check point. Un millier de personnes environ, au milieu de valises et de baluchons, les yeux rivés sur l'immense portail d'acier surmonté de barbelés, attendent que les portes s'ouvrent, espèrent faire partie du prochain voyage.

Le drame que nous avons évité devant nos portes risque maintenant de se produire en notre absence. Sur les captures d'écran des caméras de surveillance que me transmet Mustafa, je distingue de nombreux enfants, femmes et personnes âgées.

Nous devons attendre le moment propice pour ouvrir les portes et envoyer le groupe des 150 vers un lieu où les faire embarquer dans des bus pour les acheminer vers l'aéroport. Avec Mustafa, je décide de lancer l'opération dès que la foule sera plus clairsemée. Cela risque d'être long.

Au village Thales, nous tentons de nous organiser. La priorité est de localiser les ressortissants français qui ont pu atteindre l'aéroport, mais aussi les Afghans titulaires d'un visa ou d'un titre de séjour en France, éligibles comme les Français à un départ vers la France. Nous avons aussi ces nouvelles listes qui comportent des centaines de noms d'individus que nous ne connaissons pas. Nous n'avons ni leurs coordonnées ni les moyens de les identifier.

Je constate que cette notion de « critères » d'éligibilité est sujette à interprétation. Selon nos perceptions du contexte, nous n'avons pas la même approche. Il y a les tenants de l'application stricte de la loi, qui ne jurent que par le CESEDA, le Code de l'entrée et du séjour des étrangers et du droit d'asile, qui réglemente, en plus des directives européennes, la situation des étrangers en France. Au milieu de cette tragédie humaine, que le monde découvre horrifié sur les écrans de télévision, les considérations juridiques prennent le pas sur les considérations humanitaires. La loi et l'esprit de la loi, cette théorie du droit français qui avive le débat judiciaire, prend tout son sens à Kaboul, mais n'y a assurément pas sa place.

Les réfugiés, installés dans le centre de regroupement, se préparent au départ. Il faut compter entre trois heures et demie et quatre heures de vol entre Kaboul et Al Dhafra, dans des conditions spartiates. Les appareils sont pleins à craquer de passagers qui voyagent à même le sol, se serrent les uns contre les autres pour maximiser la capacité des avions. Arrivés à Abou Dabi, c'est la délivrance avant d'entamer l'ultime voyage vers la France.

Des noms sans visage

Aéroport de Kaboul, mercredi 18 août 2021

Après un premier tour d'horizon, en ce début d'après-midi, je regagne le village Thales, notre PC de crise. La pêche a été maigre et nous avons beaucoup de difficultés à communiquer avec des Afghans qui ne parlent que le dari, très peu sont anglophones. Trouver des inconnus au milieu d'une foule compacte n'est déjà pas simple, la barrière de la langue est un obstacle supplémentaire.

Nous n'avons plus personne pour assurer la traduction. Wali s'apprête à partir, mais nous avons absolument besoin de lui. Il est sur le point d'embarquer avec sa femme et ses deux enfants lorsque je le rejoins dans la file d'attente au pied de l'avion. Malgré la fatigue, son visage s'illumine au moment où il m'aperçoit, il croit que je viens le saluer avant le décollage. Son sourire se fige quand je lui annonce les raisons de ma venue. « Je comprends la situation, Mo, mais je ne peux pas laisser ma femme, mes enfants et toute ma famille partir sans moi. Je dois les aider à s'installer », me répond Wali avec sa douceur habituelle. Il a prévu de les installer dans le Nord, du côté de Lille, là où lui-même a construit sa vie. Ses relations et sa proximité avec les élus locaux lui ont permis de préparer leur accueil et leur hébergement dès leur arrivée. « Je dois être avec eux, ils vont faire un immense saut dans le vide. Ils n'ont personne là-bas », ajoute Wali, de plus en plus mal à l'aise.

La femme de Wali me jette un regard désapprobateur, elle n'apprécie pas ma démarche et ne se prive pas de me le dire : « Sa famille a besoin de lui, laissez-le tranquille maintenant. » Elle tente vainement de retenir son mari, lui qui a déjà tant fait, mais Wali se sent redevable : il a réussi l'impossible, récupérer toute sa famille et sa belle-famille, et à présent ils vont enfin être tous réunis, pourront vivre en sécurité et envisager l'avenir sous un nouveau jour. Après un moment d'hésitation, Wali me sourit : il accepte de poursuivre la mission, pour moi, par reconnaissance, le temps de terminer le « boulot ». « Ça ne prendra que quelques heures », dit-il à sa femme, qui éclate en sanglots.

Wali restera quatre jours de plus. Je lui propose de partager mon container, ma chambre, où se trouve un couchage supplémentaire. Nous sommes à l'étroit au milieu des effets abandonnés par les précédents occupants, des employés de Thales partis précipitamment. J'ai laissé toutes mes affaires à l'ambassade, la consigne était de voyager léger avec un bagage de 9 kg maximum. Draps, couvertures, serviettes, gel douche… baignent dans leur jus.

Nous partageons les boîtes de rations de combat, les fameuses « rasquettes ». Des mets sophistiqués en conserve préparés selon les recettes d'un grand chef de la restauration française. Il n'y a rien à redire, des conserves certes, mais à faire pâlir d'envie certains restaurants d'entreprise. Sur les théâtres d'opération, les rations françaises sont prisées, elles connaissent un succès international et les échanges peuvent être très avantageux. Pour une ration française, on peut espérer trois ou quatre rations américaines, de la gastronomie contre du lyophilisé, du réchauffable contre du froid. Des produits du terroir français et des plats savoureux et nourrissants, de petits festins quand on est dans le dur. Au menu, blanquette de veau, bœuf bourguignon, paëlla, couscous, lasagnes, fromage, friandises, café et chocolat.

Je déniche un gilet pare-balles et un casque deux fois trop grand pour Wali. Il porte la tenue traditionnelle de la région, un ensemble sarouel qamis, cette longue chemise qui descend sous les genoux sur un pantalon bouffant. Avec le gilet pare-balles, il a une sacrée allure, plutôt drôle, et je m'en amuse. Son casque lui tombe sur les yeux.

« Tu ressembles à un vrai soldat maintenant.

– Tu veux dire, un soldat plongé dans le noir et… qui ne sait pas où il va », me répond-il avec son ton espiègle.

Nous nous rendons à North-Gate, dans l'univers concentrationnaire que j'ai découvert le matin même. En quelques heures, la situation a empiré et les soldats semblent débordés par une marée humaine qui à chaque moment risque de tout emporter. Wali reste silencieux. Il a vécu dans sa jeunesse l'exode clandestin et les camps de réfugiés de Calais, mais il n'a sans doute jamais rien vu de pareil. Je lis sur son visage la tristesse et l'écœurement, qu'il ne parvient pas à dissimuler en découvrant ces scènes d'une rare violence. Je regrette un instant de l'avoir amené ici, mais il se ressaisit et mobilise toute son énergie : « Nous allons les sortir de là ! »

Mais comment identifier ceux que nous venons chercher ? Nous n'avons aucune photo, aucun numéro de téléphone, seulement des noms sur des listes redondantes. Au passage des quelques individus qui parviennent à franchir l'imposant cordon de soldats, nous répétons les mots *Françaoui* qui signifie « Français », ou *sifarade francia*, « ambassade de France ». En vain.

C'est un nouveau coup d'épée dans l'eau, le filtrage réalisé en amont par les Américains, les Britanniques et les Allemands, présents en grand nombre à l'aéroport, ne laisse probablement entrer que ceux qui ont vocation à rejoindre l'un de ces trois pays. Nous ne sommes pas en veine, tout comme les autres personnels de notre dispositif, militaires, policiers et diplomates qui arpentent la zone, sans trouver personne.

En fin d'après-midi, nous décidons de nous déployer au niveau de l'entrée à East-Gate, la porte par laquelle nous sommes arrivés la veille. La situation y semble moins tendue qu'à North-Gate. Les soldats américains, présents en masse, tentent de contenir une foule de plus en plus dense. Le portail d'accès, en panne la veille, a pu être réparé, mais ne tiendra pas longtemps si la foule parvient jusqu'à lui. Les Marines ont dû prendre position une centaine de mètres en amont du portail pour aménager un corridor, un sas de décompression. Ils se trouvent au contact direct de la population. Quatre rangées de Marines constituent un barrage humain sur lequel s'exerce une énorme pression physique. Leur résistance et leurs efforts sont surhumains.

Les militaires sont relevés toutes les trente minutes et vont se reposer à l'arrière du dispositif, derrière des blindés de l'armée américaine. Les Marines sont très jeunes, leurs visages poupins sont couverts de la poussière de Kaboul qui se mêle à la transpiration, dessinant des traînés sur leur peau. Exténués et le souffle court, ils s'étendent de tout leur corps sur le sol, les yeux dans le vide, au milieu des déchets, d'emballages de la nourriture et des boissons distribuées aux réfugiés qui parviennent à entrer.

Je tente de m'approcher au plus près, mais un soldat me retient en criant : « Que faites-vous ? C'est dangereux, restez en arrière ! » Il me désigne alors les hommes qui se tiennent coude à coude avec ses camarades. Ce sont des talibans qui, au côté des Marines, repoussent la population avec la crosse de leur kalachnikov, tandis que les Américains utilisent des boucliers. À tout moment la situation peut déraper. Soudain, les talibans pointent les canons de leurs fusils vers la foule qui leur fait face. Nous sommes au seuil d'un incident majeur. Politiquement, ce n'est pas tenable ; physiquement, les hommes sont à la limite de la rupture. Les rumeurs ne vont pas tarder à circuler sur la fermeture d'East-Gate.

Il faut faire vite et exploiter cette entrée avant qu'elle ne soit condamnée. La porte Nord, North-Gate, est impraticable et la porte Sud, South-Gate, appelée aussi Abbey-Gate, est difficile d'accès pour les Afghans, qui se heurtent en amont à un check point tenu par les talibans, qui ne laissent passer personne. C'est donc à East-Gate que nous commençons de manière un peu désordonnée notre action, au milieu des Américains très rigides, mais organisés, qui opèrent avec méthode. Positionnés derrière le grand portail entrouvert, nous hélons ceux qui passent au compte-gouttes devant nous en leur demandant s'ils sont français, s'ils ont un visa.

Ils sont peu nombreux, car les Américains filtrent avant nous les passages, et ne laissent entrer prioritairement que ceux qui ont vocation à se rendre aux États-Unis. Parmi eux se trouve parfois un cas non conforme, qui est alors reconduit sans ménagement à l'extérieur par les militaires US. C'est ainsi que je rencontre Ehsan, un jeune Afghan d'une trentaine d'années.

Ehsan est en possession d'un titre de séjour français. Il a réussi à pénétrer sur le site, mais s'est mis en tête de partir aux États-Unis pour « vivre une nouvelle expérience », m'explique-t-il quand je lui demande pourquoi il ne s'est pas manifesté auprès de nous. Son inconséquence m'irrite et je lui signifie mon agacement. La France lui a délivré un titre de séjour alors que tant d'autres l'attendent en vain. Mon agacement vire à la colère quand il m'annonce qu'il est marié et a deux enfants, qu'il n'a pas amenés avec lui. Il souhaite partir seul, en les abandonnant à leur sort. Son comportement me révolte, je le menace de ne pas l'emmener si sa famille ne part pas avec lui, et lui intime l'ordre de retourner la chercher. Il s'exécute et quelques heures plus tard réapparaît en compagnie des siens.

Entre-temps, je patiente à East-Gate en essayant tant bien que mal de trouver des personnes à ramener à notre camp, au village Thales. Je remarque des centaines d'hommes seuls dans les colonnes qui s'allongent devant les véhicules de l'armée américaine, des candidats à l'exil qui partent avec l'espoir de commencer une nouvelle vie ailleurs et de faire venir leur famille plus tard. Ils ignorent pour beaucoup le long chemin qui les attend.

D'East-Gate, nous ne rentrons pas bredouilles. Plusieurs dizaines de personnes, essentiellement des Afghans, ont pu être prises en charge et acheminées vers notre camp de base à bord de nos véhicules et de notre bus blindé, que nous avons pu récupérer après que les soldats américains nous les ont brièvement subtilisés.

La veille, nous avons dû abandonner nos véhicules, sept 4 × 4 et un bus blindé, en raison de la panne du portail, mais aussi parce que le commandement américain ne les admettait pas dans l'enceinte de l'aéroport.

Le matin suivant, à notre grande surprise, nous avons vu nos véhicules circuler dans la zone de l'aéroport avec les sigles USMC tracés à la peinture rouge sur les carrosseries. Les USMC, pour « United States Marine Corps », se sont approprié nos « bagnoles » et s'en servent pour leurs déplacements, alors que nous en avons cruellement besoin pour transporter des centaines de réfugiés.

C'est Martial qui s'est mis en devoir de les récupérer. Avec opiniâtreté, il a patrouillé à pied dans les multiples et immenses parkings pour repérer nos véhicules et monté de véritables planques pour attraper nos voleurs. En moins de vingt-quatre heures, Martial, qui n'a pas l'habitude de mâcher ses mots, est parvenu à récupérer tous nos 4 × 4 et notre bus, au prix d'échanges parfois épiques avec les Marines. Nous avons rapidement compris qu'à l'aéroport, où rien ne peut être acheminé de l'extérieur, c'est « à la guerre comme à la guerre », tout est cannibalisé.

Chacun rafle ce qu'il peut. À ce petit jeu, les Italiens sont les plus forts, récupérant un bus de 50 places au nez et à la barbe des Américains, qui contrôlent pourtant l'aéroport. Les autres nations ne sont pas en reste : pick-up, minibus appartenant à la société de logistique qui opérait dans l'aéroport portent maintenant les sigles de ceux qui en ont la jouissance.

Avec notre dizaine de 4 × 4 et surtout notre minibus blindé de 15 places, qui sert enfin à quelque chose, nous ne sommes pas ridicules non plus.

Ce minibus a coûté une petite fortune, près de 400 000 euros. L'histoire raconte qu'il a été acheté à l'occasion d'une visite officielle du président de la République, en 2008, pour transporter la presse qui suivait le déplacement. Il n'a été utilisé qu'une seule fois pour un aller-retour entre l'ambassade et l'aéroport, et a végété depuis sur le parking de l'ambassade. Jusqu'à aujourd'hui, où il devient par un coup du sort, et par l'accélération de l'histoire, un précieux atout pour achever notre mission.

Une course contre la montre

Aéroport de Kaboul, 19-20 août 2021

Au petit matin du 19 août, vers 5 heures, mon téléphone vibre : une photo apparaît sur l'écran. C'est Mustafa, l'un des gardes de l'ambassade, qui me l'envoie. Elle montre la rue déserte devant l'ambassade, il n'y a plus âme qui vive. Je lui demande alors de faire sortir au plus vite toutes les personnes qui se trouvent encore dans les lieux. Il s'exécute et, en moins de quinze minutes, le site est vidé de ses derniers occupants. Ils s'infiltrent dans la ville, se regroupent dans un endroit discret où je pourrai plus facilement leur envoyer des bus pour les transporter jusqu'à l'une des portes de l'aéroport militaire. Quelques heures plus tard, ils embarquent enfin dans des véhicules que j'ai pu louer en un temps record. Ils roulent dans notre direction.

Des milliers de personnes convergent toujours vers les abords de la zone militaire de l'aéroport et ses trois portes, North-Gate, East-Gate et Abbey-Gate, qui sont maintenant saturées et sous la menace d'une fermeture imminente.

En nous rendant à Abbey-Gate, nous apercevons au loin des colonnes d'Afghans qui traversent les terrains vagues en direction des murs d'enceinte, des T-Wall infranchissables, mais qu'ils tentent malgré tout d'escalader. Ils essaient coûte que coûte de trouver un moyen de pénétrer sur le site de l'aéroport, sachant qu'à tout moment ils peuvent être pris pour cibles par des soldats qui tireront après sommations.

Ils finissent par repérer une brèche, un petit chemin qui longe les kilomètres de barbelés et qui mène au bord du canal des eaux usées de l'aéroport et de l'hôtel 5 étoiles Le Baron, à plusieurs dizaines de mètres de l'entrée d'Abbey-Gate. C'est là que des milliers de personnes refoulées par les talibans s'entassent sur la rive extérieure, puis dans le canal, au milieu des immondices et des excréments. Ils tendent les mains vers des soldats indifférents, dont l'impératif est de les contenir et de combler la brèche. C'est peine perdue : des milliers d'hommes, de femmes et d'enfants s'agglutinent bientôt au bord de cet égout à ciel ouvert et s'accrochent désespérément à ses rives salutaires. À quelques dizaines de mètres de là, des talibans juchés sur des containers haranguent la population qui souhaite franchir l'accès d'Abbey-Gate et tirent en l'air pour la disperser.

Je me trouve au bord du canal et tente d'arracher deux Afghans des eaux pestilentielles. La pression des Marines, qui repoussent les réfugiés dans le canal, est très forte et j'ai toutes les peines du monde à me frayer un chemin au milieu des hommes en treillis. Je suis sur le point de renoncer et de tenter une autre approche lorsque je remarque l'écusson bleu, blanc, rouge sur la manche d'un soldat qui participe à cette mêlée. Il s'agit du groupe de parachutistes français. Je leur crie : « Qu'est-ce que vous foutez ? » L'un d'eux me hurle : « Ils essaient de se barrer ! » Solidarité entre militaires, ils aident leurs collègues américains et britanniques à contenir la foule. À cet instant, je mesure l'ampleur du paradoxe de cette mission et les difficultés à venir. Américains et Britanniques ont pour ordre d'arrêter et de repousser les réfugiés qui se ruent dans les eaux du canal pour passer de l'autre côté, sur la rive de la liberté. Tandis que nous, policiers français, comme ceux d'autres nations, sommes là pour les sortir de cet enfer, et leur promettre un autre destin.

Quand je parviens enfin à extirper deux malheureux qui viennent de passer deux jours et deux nuits dans cet égout, un soldat français se rue vers moi et m'apostrophe : « Vous ne pouvez pas emmener ces gens-là, on ne prend que les Français, ceux qui ont un passeport français ! » J'ai beau lui expliquer que le champ de notre mission dépasse le cadre fixé initialement, il ne veut rien entendre. Il a reçu des instructions, me répète-t-il. L'échange tourne à l'esclandre, tous les regards se dirigent vers nous, vers ce spectacle pitoyable que nous offrons à un public interloqué. Je mets sèchement fin à la discussion en renvoyant le jeune militaire à ses instructions, en le priant de ne pas interférer dans mes actions. Mais comment lui en vouloir ? C'est un tel chaos autour de nous et nos consignes se contredisent ! Nous, policiers, recevons des listes de citoyens afghans que nous devons récupérer, et nos militaires ont pour seule directive de récupérer des Français.

La situation se complique et nous devons trouver le moyen d'acheminer au plus près de nous les personnes à évacuer. Pour avoir régulièrement fréquenté la base de l'OTAN ces cinq dernières années, je sais qu'il existe une autre porte à l'ouest. Étrangement, personne ne la mentionne et il me semble surprenant qu'elle ne soit pas utilisée. Avec mes collègues, nous partons dans sa direction, mais cette porte est très éloignée et, à pied, il nous faudrait plus d'une heure pour l'atteindre.

Nous interceptons alors un pick-up des forces de sécurité afghanes. Le conducteur, seul à bord, nous regarde avec incrédulité quand nous lui demandons de nous conduire à la porte Ouest. Il nous embarque, mes 7 collègues du RAID et moi, dans ce taxi improvisé que je baptise « un taxi pour Kaboul », clin d'œil à l'affiche du film de Denys de La Patellière, dans lequel Ventura, Aznavour et leurs comparses s'emparent d'une automitrailleuse en plein désert et poursuivent un étonnant périple.

Nous roulons sur une petite route qui longe l'aéroport et les enceintes des forces de sécurité du ministère de l'Intérieur et du NDS. Sur le chemin, des carcasses de véhicules blindés à moitié calcinés témoignent des combats des jours précédents. Après quelques kilomètres, nous arrivons enfin à la porte Ouest, située à proximité du camp Alvarado, tenu par le NDS, et où la CIA a ses quartiers. La porte est sous la bonne garde des forces de sécurité afghanes du NDS. On les reconnaît à leur tenue camouflée de couleur noire, mais surtout à leur dégaine, cheveux longs, bandanas et barbe hirsute, qui n'est pas sans rappeler celle des hommes qui martyrisent la foule devant la North-Gate. Deux hommes en civil, des Occidentaux, se tiennent à leurs côtés et semblent diriger la manœuvre. Ce sont des Américains, qui nous accueillent froidement et nous ordonnent sans ménagement de rebrousser chemin. Cette zone est réservée à l'entrée des seuls ressortissants américains, du moins aux titulaires d'un passeport américain en bonne et due forme.

À quelques dizaines de mètres du portail ouvert et des barrières, sur la route, on aperçoit le défilé incessant de ceux qui se dirigent vers la North-Gate, située 5 kilomètres en amont. Les passants ne prêtent pas attention à cette porte Ouest et n'y jettent pas même un regard. Il n'y a d'ailleurs personne devant cette entrée, ceux qui s'y présentent arrivent au compte-gouttes en traversant un petit terrain vague, invisible depuis la route. Les opérations de récupération des ressortissants américains y sont effectuées dans la plus grande discrétion.

Je tente de dialoguer, en vain. « Vous n'avez rien à faire ici ! » nous dit l'un des deux Américains. J'insiste pour examiner les lieux dans l'éventualité d'y faire acheminer nos réfugiés et, joignant le geste à la parole, je franchis le portail pour sortir de la zone, au grand dam de mes collègues et des Américains. Leur assurance laisse place à un moment d'affolement. Le ton monte légèrement avant que nous trouvions enfin un terrain d'entente. J'espère faire venir le groupe des 150 par cette voie, leurs bus ne sont pas loin, ils devraient passer devant l'entrée Ouest d'ici quelques minutes, mais je me heurte à l'inflexibilité des services américains. Nos interlocuteurs tiennent absolument à préserver le secret de cet accès et nous concèdent le droit d'y faire venir seulement des ressortissants en possession d'un passeport français. C'est une mince victoire, sans lendemain, car jusqu'à présent aucune personne ne correspond à ces critères aux portes de l'aéroport militaire.

Nous repartons à bord de notre taxi vers l'épicentre des événements, loin de la quiétude de ces lieux, où seuls le vent et le sable des montagnes environnantes animent le paysage.

Les bus du groupe des 150 approchent de la porte Nord. Ils sont à plusieurs centaines de mètres de l'entrée, pris dans la nasse de la foule qui piétine et n'avance plus. Les passagers doivent descendre, suivre le flux et finir le parcours à pied pour parvenir jusqu'à nous, qui les attendons de l'autre côté. D'après les témoignages recueillis, je sais que ce périple peut prendre jusqu'à quarante-huit heures, mais nous n'avons pas d'autre choix.

Le groupe des 150 rejette cependant cette option et décide d'attendre dans les bus. Leur leader, Rohullah, exige que l'on vienne les chercher. Ce groupe se compose d'une centaine d'artistes, parrainés par des troupes de théâtres en France, et d'une cinquantaine d'employés afghans de la Délégation de l'Union européenne. Ils ne veulent rien entendre de mes arguments, que Wali s'échine à leur expliquer. Toute sortie est impossible pour nous, et nos capacités ne nous permettent pas de mener une opération d'exfiltration en terrain taliban, au milieu d'une foule compacte de milliers d'individus terrifiés et incontrôlables.

Leur intransigeance les conduit à passer la journée dans l'atmosphère accablante des bus surchauffés, sous la pression de la population qui rôde, se rassemble autour des véhicules et tente d'y pénétrer pour s'abriter du soleil brûlant. Puis ils sont soumis aux incertitudes de la nuit. Dans le même temps, un couple de journalistes afghans, qui se trouvait au même endroit, parvient à nous rejoindre de l'autre côté de la porte Nord, après une nuit infernale au milieu des hurlements, des larmes et de la violence qu'ils ont dû affronter mètre après mètre.

Le lendemain, les artistes et les employés de l'Union européenne sont finalement contraints d'abandonner les bus, débarqués par les chauffeurs qui souhaitent rebrousser chemin. Au même moment, les Américains décident de fermer l'accès de la porte Nord, qui ne résiste plus aux assauts de la multitude. La foule a franchi le barrage de barbelés et se trouve maintenant au pied du portail massif, qui ne tient plus que grâce à un engin blindé qui y est adossé.

Le groupe des 150 n'a plus d'autre choix que de poursuivre à pied vers la porte la plus proche, l'East-Gate, à environ 5 kilomètres. Elle est encore ouverte. Mais pour combien de temps ? Des milliers de personnes prennent le même itinéraire avec, inéluctablement, les mêmes effets et les mêmes conséquences : le blocage des entrées. C'est une course contre la montre qui s'engage. Il faut arriver parmi les premiers.

Un égout à ciel ouvert

Aéroport de Kaboul, 21 août 2021

Le lendemain, samedi 21 août, quand le groupe des 150 arrive enfin à la porte Est, le portail de plusieurs tonnes est déjà condamné et ne tient debout que grâce aux énormes poutres d'acier qui le soutiennent. C'est maintenant une marée humaine qui avance vers le sud et Abbey-Gate, le dernier et unique point d'accès pour des milliers d'Afghans. Le groupe des artistes garde toujours espoir et suit le flux, tandis que les employés de l'Union européenne, épuisés, décident de rentrer chez eux.

Sur la route qui mène à Abbey-Gate, les talibans ont pris position et érigé un barrage à l'aide de containers maritimes en acier empilés les uns sur les autres. Ils ne laissent passer personne, ils sont violents et n'hésitent pas à pointer leurs armes sur les civils ou à lâcher en l'air des rafales de kalachnikov. Les hommes et les femmes savent qu'il est inutile d'insister, la situation peut à tout moment virer au drame. Ils savent aussi que leur ultime espoir réside désormais dans le canal de l'aéroport, et dans un mouvement naturel les colonnes s'étirent vers l'est en direction des terrains vagues et du chemin qui mène aux eaux de cet égout à ciel ouvert, où se jouera leur destin.

La situation devient de plus en plus tendue dans l'aéroport. Toutes les nations s'échinent à remplir les avions qui se succèdent au décollage, et des camps de fortune sont érigés à la hâte par les réfugiés eux-mêmes, sur l'asphalte des trottoirs, le long de la voie qui conduit au terminal de départ. Jour et nuit, les colonnes de passagers s'étirent sur la place d'armes de la base militaire, qui fait office de zone de triage. Tout comme les avions, les minibus, les camions, les pick-up transformés en véhicules de transport collectif poursuivent leur ballet dans des allers-retours incessants entre les différentes portes.

Tout autour, les détritus et les sacs plastique s'envolent au gré du vent, qui les disperse ou les emprisonne dans les fils barbelés comme autant de fanions colorés qui semblent chanter la détresse de l'instant, en écho aux bruits des détonations et aux clameurs de désespoir.

Dans notre PC de crise, l'ambiance est morose. C'est un sentiment d'impuissance qui prédomine et, pourtant, avec nos faibles moyens, nous parvenons à évacuer 200 à 300 personnes par jour en moyenne, malgré les difficultés majeures pour accéder aux zones de récupération d'Abbey-Gate et pour identifier les personnes que nous recherchons. L'ambassadeur et les quelques diplomates qui sont au bureau multiplient les échanges avec les autorités françaises et s'évertuent à transmettre des centaines d'attestations officielles au logo de la France supposées permettre aux personnes qui doivent être évacuées de franchir les barrages et d'accéder plus facilement à l'aéroport.

Son périmètre reste sous la protection des 6 000 soldats américains qui y ont été déployés. Leur mission est d'empêcher toute intrusion. L'armée américaine ne veut pas revivre le chaos des jours précédents, lorsque l'aéroport a été envahi par des milliers de personnes qui couraient à côté des avions et s'accrochaient à leurs ailes dans un ultime acte de désespoir. Les militaires se montrent toujours inflexibles, même avec nous, car nous venons troubler leur dispositif déjà fragilisé par l'ampleur des vagues humaines qui déferlent sur eux. Chaque fois, les discussions sont âpres, houleuses, et parfois nous en venons aux mains.

Les forces étrangères, américaines et britanniques, ne m'identifient pas. Je suis habillé en civil, tandis que mes collègues portent des tenues aux couleurs des forces spéciales, avec des écussons bien visibles. Mon arme est dissimulée sous mon polo, quand tous les autres sont équipés de fusils d'assaut et de pistolets apparents. Cela explique probablement mes échanges tendus avec les Américains qui m'assènent un shakespearien *fucking man*, que je leur retourne aimablement dans la langue de Molière. Dorénavant, j'arborerai mes écussons et tout mon attirail, ma puissance de feu, histoire d'équilibrer et de pacifier les débats. Occuper le terrain, faire partie du paysage, telle est notre stratégie. Plus on nous voit, plus les militaires américains et britanniques acceptent notre présence, et c'est ce que nous faisons vingt-quatre heures sur vingt-quatre, au bord du canal d'Abbey-Gate, où nous concentrons désormais tous nos efforts.

Les soldats étrangers nous reconnaissent et nous saluent, certains nous hèlent même pour nous signaler des candidats au départ vers la France, reconnaissables aux pancartes qu'ils brandissent, sur lesquelles sont inscrits des mots comme *Embassy France* ou *Welcome Paris*. D'autres individus exhibent des documents sur lesquels on peut distinguer le drapeau français. Ce sont le plus souvent de vieux diplômes obtenus à l'occasion de formations prodiguées par d'anciens coopérants français au cours de ces dernières années. Mais, pour nous, cela ne signifie rien de tangible. Rien qui nous permette d'identifier, au milieu de ces malheureux qui stagnent par milliers sur les rives et dans les méandres de ces eaux fétides, ceux que nous venons chercher et qui figurent sur des listes bien établies. La plupart ne parlent pas français et parlent à peine l'anglais, si ce n'est quelques formules apprises par cœur et qu'ils débitent en criant dans l'espoir d'attirer l'attention.

Au milieu de ce tumulte, des hommes scandent : « Je suis français ! » en tendant un document qui a toutes les apparences du passeport français. Il s'agit en réalité des papiers attribués aux demandeurs d'asile quand ils ont obtenu le statut de réfugié en France – sur la première page, il est écrit « titre d'identité et de voyage », et non « passeport », comme pour les citoyens français. L'intérieur semble identique, mais il y est précisé que le titulaire de ce titre est autorisé à voyager partout dans le monde, sauf en Afghanistan. De fait, les Afghans qui arrivent en France, ou dans d'autres pays européens, parfois après des mois de migration à travers les continents asiatique et européen, obtiennent l'asile sur un seul critère : leurs vies sont menacées et ils courent un réel danger dans leur pays. Or ils sont des dizaines dans le canal et autour à brandir ce document et à revendiquer avec virulence leur droit d'être pris en charge par la France, alors même qu'ils savent avoir enfreint ses règles juridiques et morales.

À de nombreuses reprises, ces dernières années, des cas d'Afghans bénéficiant du statut de réfugié mais revenus vivre en Afghanistan nous ont été signalés. La plupart viennent passer ici quelques mois, le temps d'engranger de petits subsides financiers, puis repartent. Ils sont difficiles à repérer car, parallèlement à leur titre de réfugié, ils se font établir illégalement un passeport afghan avec la complicité d'un consulat afghan en Europe, celui de Bonn, en Allemagne. Ils utilisent alors ce passeport afghan pour voyager vers l'Afghanistan, via le Pakistan ou la Turquie, et ressortent leurs titres européens une fois de retour sur le vieux continent.

Maintenant, ils se trouvent piégés dans cet égout à hurler leur détresse, n'hésitant pas à repousser ceux qui nous tendent les bras et à les dénoncer comme n'étant pas français. C'est au cours d'une de ces bousculades qu'une pauvre femme laisse échapper son enfant, qui n'a pas plus d'un an. Il disparaît dans l'eau noire, au milieu d'une forêt de jambes d'hommes et de femmes qui se massent devant moi. Je me penche vers le bord, la tête en bas et les mains plongées dans l'eau épaisse pour tenter d'arracher l'enfant du canal. D'autres mains m'agrippent et me tirent vers le fond, tandis que des soldats me retiennent par mon ceinturon et m'extraient vers la rive. Il faudra l'intervention de quelques Afghans, tout aussi désespérés, pour repousser la foule et parvenir enfin à récupérer l'enfant. Ils me le tendent tout en aidant la mère à se hisser sur le muret, où je les réceptionne. Je ne les connais pas, ils ne sont sur aucune liste, mais qu'importe, le destin les a placés là. Ils sont sauvés, c'est tout ce qui compte à cet instant.

Plusieurs demandeurs d'asile, puis d'autres Afghans repérés tant bien que mal grâce aux attestations officielles seront ainsi ramenés au centre de regroupement du village Thales. L'ambassadeur y est toujours affairé avec Paris et les problèmes de listes qui s'allongent, quand il n'assiste pas aux réunions qui se tiennent plusieurs fois par jour entre responsables de la communauté internationale.

Le sauvetage des artistes

Aéroport de Kaboul, dimanche 22 août 2021

Les difficultés se multiplient. La menace d'attaque terroriste qui plane depuis plusieurs jours se fait de plus en plus précise.

Nous devons accélérer nos opérations, le temps nous est compté : les rumeurs annoncent que les Américains vont se retirer d'ici quelques jours et probablement quitter l'Afghanistan aux alentours du 24 ou du 25 août.

Nous continuons de localiser des Afghans qui affichent des panneaux en carton ou de simples feuilles de format A4. Ils y mentionnent leur identité, le nom d'un groupe auquel ils appartiennent, ou encore celui d'une association qui les parraine. Certains vont même jusqu'à indiquer mes prénom et nom. Mais rapidement tous s'approprient ces signes de reconnaissance et nous devons changer de stratégie pour endiguer l'apparition de fausses pancartes et attestations qui fleurissent dans la zone du canal d'Abbey-Gate. Ponctuellement, des codes alphabétiques et des étoffes de couleurs différentes nous permettent de trouver ceux que nous cherchons – un jour une écharpe rouge, le sigle PSG ou le mot « Mars » sur une pancarte, un autre un tissu jaune.

Ce dimanche, je n'ai plus de nouvelles du groupe des artistes qui erre sans doute non loin de là. Les communications passent très mal, le réseau est saturé ou brouillé à cause des risques d'attentat. La nuit a été courte, comme toutes les autres nuits. Une à deux heures de repos, c'est ce que l'on s'impose pour compenser les nuits blanches, car il faut tenir et ne pas se mettre dans l'incapacité physique et psychologique d'œuvrer à cette tâche obsédante.

Ce matin-là, je déambule seul sur le chemin d'Abbey-Gate qui mène vers l'hôtel Le Baron, à côté duquel les talibans ont installé leur imposant barrage de containers pour interdire tout accès à la partie militaire de l'aéroport. De nombreux Afghans y sont bloqués, ainsi que des dizaines de personnes inscrites sur nos listes, malgré les laissez-passer en leur possession. Parmi ces Afghans figure Uranus, une journaliste afghane militante des droits de l'homme, très active et connue, y compris des talibans. S'ils mettaient la main sur elle, ils ne l'épargneraient pas. Elle est accompagnée de ses parents, tous deux très âgés. Sur la photo qu'elle m'a envoyée sur mon téléphone, elle est méconnaissable, mais parfaitement identifiable avec un niqab noir qui la couvre de la tête aux pieds et de larges lunettes teintées qui lui masquent les yeux.

À l'hôtel Le Baron, le responsable de la sécurité, Amir, un Anglais d'origine afghane, m'aide à pénétrer dans le bâtiment. Je l'ai rencontré la veille devant l'entrée de l'hôtel, bunkerisée par les forces britanniques, qui en ont fait leur quartier général. Il m'a proposé son aide, d'être à la fois mes yeux et mes oreilles. En plus des Britanniques, cette partie du territoire est surtout contrôlée par les talibans, qui à quelques mètres de là font régner la terreur depuis le haut des containers sur lesquels ils sont juchés. Ceux-ci obstruent la totalité de la route et ne permettent pas de voir ce qui se passe de l'autre côté, dans la zone sous domination talibane.

Je dois trouver un point surélevé pour évaluer la situation par moi-même. Amir me présente aux soldats britanniques et j'obtiens leur autorisation d'accéder à leur poste d'observation, la tour de guet de l'hôtel, qui jouxte les containers. Malheureusement, leur position n'offre pas la vue espérée, les containers bouchent volontairement la vue du côté de la ville.

Prudemment, je m'aventure vers la zone des talibans, grimpe sur l'un des containers accolés au mur d'enceinte de l'hôtel, avec le drapeau français imprimé sur une feuille de papier placardée sur ma poitrine, et crie : « *Sifarade francia* » en espérant que les talibans pachtounes qui y sont perchés comprennent ces termes.

Ils n'ont pas l'air hostile, mais leur manie de s'exprimer en agitant leurs kalachnikovs dans tous les sens m'indispose quelque peu. Tout en m'approchant, je leur fais signe que je veux jeter un coup d'œil de l'autre côté. Ils me comprennent, mais ils ne se montrent guère conciliants, secouent la tête et me font signe avec leurs armes de dégager la zone. À leurs côtés se trouve un homme en treillis de l'armée britannique, c'est un officier traducteur afghano-britannique qui est là pour négocier le passage des personnes d'intérêt pour le Royaume-Uni, et ma présence le dérange, tout comme elle avait gêné les Américains devant la porte Ouest du camp Alvarado. Il me parle avec véhémence : « *You can't be there! You have to go back!* » Mais, à une dizaine de mètres des containers, je vois distinctement une femme qui porte un niqab noir et de grosses lunettes. Il n'y a pas de doute, c'est Uranus. Je la désigne à cet officier traducteur qui n'a qu'un mot à dire pour qu'elle et sa famille franchissent l'obstacle et me rejoignent. Mais il se contente de me dévisager puis s'éloigne…

Je suis obligé de partir, la situation se tend sur le check point taliban situé 200 mètres plus loin, avant le barrage. Des rafales d'armes automatiques se font entendre, suivies de cris et de hurlements. Je ne vois pas ce qui se passe, mais je comprends que les talibans sont en train de disperser violemment la foule. Quelques minutes plus tard, un message m'annonce qu'Uranus, terrifiée, décide d'abandonner et de rentrer chez elle avec ses parents.

C'est un échec. Et même un double échec, car je ne parviens pas plus à récupérer le groupe d'artistes. Cependant, au gré de mes pérégrinations, je ramasse çà et là des personnes que le destin place sur le chemin de l'espoir.

Je repars en direction du canal ; la route est à présent noire de monde. Il y a autant de gens dans le canal qu'à ses abords. Cela devient ingérable. Des groupes errent seuls, perdus ou abandonnés par ceux qui étaient censés les conduire. La communauté internationale, à travers les différentes nations présentes dans la zone, agit en ordre dispersé. Elle est dépassée par l'ampleur de l'événement, débordée par le flot humain qui ne cesse de gonfler.

Alors que je me trouve près du canal, je vois une pancarte brandie par une jeune femme. J'y lis un nom afghan, celui d'un écrivain qui vit en France et qui s'est manifesté pour que la France sauve des auteurs afghans. Je lui fais signe et parviens à m'approcher d'elle, malgré la cohue indescriptible qui règne sur la rive. Une vingtaine de soldats britanniques, boucliers en main, y sont aux prises avec des réfugiés qui tentent de briser le cordon de sécurité des militaires. Un officier me repousse et me crie de partir. Ils sont en train de perdre le contrôle de la situation et vont devoir intervenir plus durement grâce à des renforts qui arrivent et se mettent en position. Entendez par là : tirs de sommation, grenades lacrymogènes et coups de matraque. Je lui réponds avec fermeté, en anglais : « Je dois récupérer ici des personnes, je ne m'en irai pas sans elles. » Il comprend, mais insiste, car il n'a pas d'autre choix que de repousser cette foule compacte dont la pression constitue un danger pour la sécurité et l'intégrité des opérations en cours et à venir.

Le discours que nous assènent Américains et Britanniques finit de mettre à mal ma patience. Eux se ménagent des facilités pour faire ce que nous, nous réalisons dans la plus grande pénibilité. Je campe sur mes positions et j'instaure un inévitable rapport de force avec le jeune officier. Il n'est pas grand et disparaît sporadiquement derrière ses hommes et leurs boucliers, dont il s'extrait difficilement. Son visage est juvénile, comme ceux de la plupart des soldats. Il me regarde droit dans les yeux et je lis en lui tout son désarroi. Je me radoucis et lui exprime ma compassion pour le travail que lui et ses hommes sont obligés d'accomplir, mais j'ajoute : « Je n'ai, moi non plus, d'autres choix que ceux dictés par ma conscience. »

« Combien de personnes venez-vous chercher ? » me demande-t-il. On se comprend enfin. « J'attends 20 personnes », lui dis-je en lui désignant le groupe à quelques mètres sur un petit muret qui relie les deux rives du canal. Dans un élan coordonné, ses hommes et lui créent un corridor, un infime passage dans lequel s'engouffrent la jeune femme et ses proches, qu'elle entraîne dans son sillage. Un à un, je les saisis par un bras, une manche, un col, les arrachant comme je peux avant que le passage ne se referme. Soudain, dans le brouhaha général, j'entends quelqu'un crier à plusieurs reprises mon prénom et mon nom : « Mohamed Bida… MOHAMED BIDA… ! »

Je scrute autour de moi, je ne vois rien. Je me hisse sur des bagages qui jonchent le sol et là, j'aperçois enfin l'homme qui m'appelle. Il est grand, massif, barbu, en tenue traditionnelle, c'est l'homme qui m'avait interpellé avec véhémence un matin à l'ambassade. C'est Rohullah, qui, sur la rive opposée, brandit au-dessus de sa tête une affiche sur laquelle il est écrit en anglais : « ARTIST ».

Le pessimisme et l'abattement qui m'avaient envahi s'évanouissent en un instant. Je crie à Rohullah de venir vers moi, mais en réalité il est presque impossible de passer. Ils sont une centaine, ses compagnons et lui, et le cordon de sécurité est sur le point de se refermer. Rohullah et son groupe avancent alors vers moi tel un rouleau compresseur qui écrase tout sur son passage. Ils arrivent au niveau du muret qui fait à peine plus de 2 mètres de large. S'engage soudain une incroyable mêlée dans laquelle Rohullah se jette tête baissée, de toutes ses forces, quitte à pousser dans l'eau des hommes et des femmes qui comme lui aspirent au départ. Tel un Atlas, Rohullah tient bon et fait franchir l'obstacle à la centaine de personnes qui le suivent aveuglément.

Sous le regard hébété de l'officier britannique qui comptabilise chaque passage, je récupère un à un les membres du groupe des artistes. Il me hurle : « Ça ne fait pas vingt personnes, il y en a beaucoup plus… ! » Je lui réponds, avec un sourire : « Vous n'avez pas bien compris, j'avais dit cent vingt ! »

Je regroupe tout ce petit monde dans une colonne

interminable. La plupart ont l'air exténué, à bout de forces, peinent à tenir debout et à reprendre leur souffle. Certains pleurent de joie, d'autres se jettent dans les bras les uns des autres. Ils n'en reviennent pas de leur exploit, d'être enfin sauvés. Je les conduis vers le point de stationnement que mes collègues ont organisé un peu plus loin, une sorte d'avant-poste où flotte le drapeau français. Je suis immensément soulagé et ému. Toutes ces personnes viennent de passer quatre jours et quatre nuits à errer autour de l'aéroport, leur espoir s'amenuisant au fil du temps. Rohullah, qui m'avait livré quelques jours plus tôt à la vindicte, me fait acclamer par ces hommes et ces femmes. Ils m'enserrent et chantent leur joie.

J'annonce la bonne nouvelle à l'ambassadeur, qui exprime son soulagement.

Il m'apprend que des négociations avec les talibans ont permis d'obtenir que des convois organisés puissent accéder à l'aéroport côté civil, selon une procédure définie entre talibans et Américains. C'est une opportunité inespérée, que nous devons saisir pour aller chercher ceux qui n'ont pu arriver jusqu'à l'aéroport ou qui ont dû rebrousser chemin. Les 50 employés afghans de l'Union européenne bénéficieront de ce dispositif et rejoindront enfin l'aéroport. L'ambassadeur me demande d'organiser un convoi avec la flotte de bus que j'ai utilisée pour évacuer l'ambassade. Il me faut recontacter tous les chauffeurs et trouver les bons arguments, principalement financiers, pour les motiver face à cette nouvelle tâche.

Je demande à Kaïs, mon nouveau traducteur, de contacter Mahmood, le superviseur des chauffeurs de bus. Wali est enfin rentré en France et c'est Kaïs, un jeune militaire afghan, qui le remplace depuis quelques jours. Kaïs a bénéficié par le passé d'un programme de formation en France. Parti la semaine dernière dans les premières rotations de nos avions vers Abou Dabi, lui et trois de ses camarades ont finalement demandé à revenir à Kaboul pour nous aider, se rendre utiles.

Opération Uranus

Aéroport de Kaboul, lundi 23 – mardi 24 août 2021

Mahmood s'était montré très efficace lors de la première évacuation de l'ambassade. Il avait parfaitement bien cornaqué tous les chauffeurs indépendants, recrutés au débotté. Quand nous le recontactons, il se montre tout aussi motivé et s'attelle immédiatement à la tâche.

Dès le lendemain, lundi 23 août 2021, les bus se dispersent dans Kaboul et rejoignent des lieux tenus secrets, des points de rendez-vous où se rendront discrètement, dans la nuit, les personnes qui seront contactées individuellement. L'opération est délicate, car les conditions imposées par les talibans doivent être scrupuleusement respectées et le risque est grand qu'ils se livrent à une inspection des listes et un contrôle des identités. Uranus, la journaliste, fait partie du voyage, comme plusieurs autres personnalités plus ou moins identifiées et possiblement recherchées.

La journée s'annonce stressante, comme toutes les autres, mais celle-ci est particulièrement dangereuse pour les 400 personnes que nous risquons de jeter dans les bras des talibans. Ces derniers ne sont pas dupes de nos projets, mais ils respecteront l'accord, pour autant que nous ne dérogions pas à leurs règles, du moins en apparence. Ils n'exigent pas de connaître l'identité des personnes transportées, seulement leur nombre précis ; ils veulent aussi la liste des chauffeurs et des bus. D'autre part, un timing rigoureux nous est imposé.

Les 15 bus ont bien été déployés dans la ville, et sont rejoints dans la nuit par ceux que nous avons pu prévenir. Mais quelques bus sont aussitôt détournés de leur mission. Plusieurs passagers assignent aux chauffeurs de récupérer des proches et des amis à travers Kaboul. Tiraillés entre mes instructions et celles, trop pressantes, des passagers, les chauffeurs, désemparés, ne savent que faire. Mahmood, le superviseur, ne parvient plus à maintenir la cohésion du projet, il peine à contrôler les bus éparpillés dans la ville. C'est finalement la menace d'une annulation de l'opération qui ramène à la raison les divergents et un semblant d'ordre dans l'organisation. Il est 5 heures du matin. Les bus peuvent rejoindre l'aéroport. Mais une ultime épreuve les attend.

Près de huit heures plus tard, les passagers attendent toujours dans les bus, où règne une chaleur étouffante, à peine supportable. Ils sont stationnés à moins de 1 kilomètre de l'entrée de l'aéroport civil. Soudain, peu avant midi, les talibans et les Américains donnent enfin leur feu vert. L'ambassadeur a prévu un important dispositif pour accueillir et prendre en charge ces 400 personnes. Nous montons dans nos véhicules, traversons les pistes de l'aéroport pour rejoindre le terminal civil, qui se situe à l'opposé. La zone est déserte, elle porte encore les traces du chaos et des événements dramatiques de la semaine précédente. Les vitres sont brisées et les bureaux des compagnies aériennes saccagés. Il règne un silence pesant dans ce no man's land où seules les oriflammes publicitaires claquent au vent.

Sur le parking devant le terminal, où se garaient habituellement les véhicules des ambassades, des soldats américains sont positionnés derrière leurs blindés. À une cinquantaine de mètres face à eux, sur un petit rond-point, un groupe de talibans, kalachnikov à l'épaule, tiennent un check point.

Listes en main, je m'avance seul avec Kaïs vers les militaires américains. Je m'adresse à un officier qui semble être leur supérieur. Il ne me laisse pas finir ma phrase et lance son ordre : « Attendez derrière les véhicules blindés ! » Il me sourit, mais ses traits crispés dissimulent mal la tension qui règne au sein du groupe – qui se trouve seulement à quelques dizaines de mètres des talibans. Hier encore, ils se combattaient sans merci. Aujourd'hui, ils doivent improviser une coopération imposée, qui n'a rien de naturel.

Le temps passe et les bus n'arrivent toujours pas. L'impatience et l'inquiétude grandissent.

Il est presque 14 heures, les Américains ignorent les raisons du retard et, depuis deux bonnes heures, Mahmood ne répond plus à nos appels. En désespoir de cause, je décide de contacter Uranus, la journaliste. Elle est normalement dans le bus de tête, conformément au plan établi qui prévoyait de disséminer les personnes menacées dans différents véhicules afin de réduire les risques d'identification.

Elle ne répond pas. Les talibans sont sans doute à ses côtés, elle ne peut prendre le risque de se faire remarquer un téléphone à la main. Mon téléphone vibre quelques secondes plus tard, c'est un message d'Uranus, une photo qui montre l'intérieur d'un bus avec des hommes armés : des talibans… L'image est un peu floue et la vue prise d'en bas. J'en déduis qu'Uranus, cachée sous son niqab noir, a pris cette photo discrètement. Personne ne sait ce qui se passe et le pire est envisageable.

Plusieurs minutes s'écoulent encore avant que l'officier américain ne vienne me voir. Il est en communication téléphonique et m'interroge : « Combien de personnes exactement sont à bord des bus ? » La question n'est pas anodine : nous devons fournir aux talibans un nombre précis, car leur présence dans les bus signifie qu'ils comptent un à un les passagers. Les détournements des bus de ce matin risquent de nous coûter cher, il y a forcément des passagers en trop.

Je reste évasif : « Entre 400 et 450 passagers à bord des 15 bus. » Il me dévisage, ma réponse n'a rien de la précision escomptée. Je hausse les sourcils en signe d'impuissance. Il me répond simplement : « *OK, guy!* » et fait demi-tour.

L'attente se prolonge et soudain mon téléphone vibre à nouveau. C'est Mahmood. Je décroche avec fébrilité. Il s'exclame : « Les bus peuvent à nouveau rouler, je vois maintenant le bout de la route, le grand panneau du terminal de l'aéroport ! »

Dans le vrombissement des moteurs, les bus multicolores débouchent les uns après les autres sur le petit rond-point en face de moi. Les talibans tentent maladroitement d'encadrer la circulation. Rien n'y fait, les conducteurs foncent droit devant eux, dans ma direction. Tel un sémaphore, j'agite les bras pour guider les véhicules sur le parking. Ils s'entassent les uns à côté des autres, puis les uns derrière les autres, dans une indiscipline et un désordre somme toute habituels et normaux à Kaboul.

Mes collègues m'ont rejoint sur le parking et tentent de canaliser les flux de personnes qui descendent précipitamment des bus, traînant d'énormes valises, des sacs, des baluchons qui contiennent probablement toute leur vie au lieu du strict minimum demandé. Comment leur en vouloir ? Ils partent pour l'inconnu et un exil lointain, dont ils ignorent la durée.

Dans les files d'attente qui se forment, j'aperçois Uranus, du moins je reconnais la femme au niqab noir et aux larges lunettes. Je m'approche d'elle et me présente. Elle me remercie, me fait part de son infinie reconnaissance. « Nous avons eu si peur quand les talibans sont montés et ont commencé à nous compter… Ils ont menacé de nous débarquer, de nous faire arrêter pour vouloir fuir notre pays. » Elle est si soulagée, elle va partir avec ses parents qu'elle est parvenue à emmener.

Le lendemain, elle montera dans l'un de nos avions à destination d'Abou Dabi – sans jamais se séparer de son niqab noir et de ses grandes lunettes aux verres teintés.

Cette journée s'achève sur un succès inespéré et, une fois encore, les avions s'emplissent et partent vers la lumière, fuyant l'obscurantisme qui étend inexorablement le voile noir sur fond blanc du drapeau du nouvel Émirat islamique d'Afghanistan.

Le canal d'Abbey-Gate

Aéroport de Kaboul, mercredi 25 août 2021

Le lendemain, au petit matin, la bonne humeur n'est plus de mise. La litanie des messages de désespoir ne tarit pas et des centaines de demandes continuent d'affluer sur nos téléphones. Cela fait une semaine que nous sommes ici, à l'aéroport. Le doute s'installe et un sentiment de lassitude prédomine au sein de notre petite communauté. Les corps et les esprits sont usés par plus de dix jours de tension extrême, de nuits trop courtes. Trois des nôtres sont partis, les plus fragilisés par les pressions et les inquiétudes de leurs familles. Comment tranquilliser ses proches qui vivent dans l'angoisse, sous une avalanche d'images relayées par les chaînes d'information en continu, contredisant nos messages qui se veulent rassurants ? Des questions surgissent sur le sens de notre mission. Parmi ceux que nous sauvons, une minorité est en réel danger de mort ou de représailles talibanes. Mais c'est à présent presque la moitié du pays qui veut fuir, qui rêve d'une liberté devenue impossible ici.

Quand cela va-t-il s'arrêter ? Nos questions restent sans réponses et nous ramènent toujours au même endroit, au bord du canal d'Abbey-Gate, où les gens affluent et s'entassent. Jusqu'à ce jour maudit du jeudi 26 août 2021, où des kamikazes infiltrés se feront exploser au milieu des pauvres âmes qu'un funeste destin a placées à cet endroit précis.

La veille de l'attentat, une certaine fébrilité règne dans les rangs des soldats étrangers. La tension croît sur le terrain de nos opérations. Il est vrai que l'on approche de l'ultimatum, la date du départ annoncé des troupes américaines. Encore deux jours, trois tout au plus. La menace d'attentat est aussi omniprésente dans les esprits et, ce mercredi 25 août, les sensations sont étranges. L'atmosphère est différente, les attitudes ne sont plus les mêmes. Les regards des hommes dans le canal sont haineux. L'hostilité grandit, les violences s'amplifient et nous avons de plus en plus de mal à trouver ceux que nous venons chercher. Au bord du canal, la situation est explosive, d'autant plus que la brèche dans le dispositif de sécurité est désormais béante.

Ce soir du 25 août, je regagne notre base avec mes collègues, décidé à annoncer à l'ambassadeur que nous devons cesser de nous rendre sur les bords du canal. Je n'en aurai pas le temps. Il revient d'une réunion avec les autres ambassadeurs et il a une communication importante à nous faire. Les services de renseignement américains annoncent l'imminence d'un attentat sur l'aéroport. La découverte sur le Web d'une vidéo d'adieu d'un kamikaze de l'État islamique ne laisse aucun doute. Cette fois, la menace est caractérisée, selon le jargon officiel des services de renseignement. Le seul endroit de l'aéroport où pourrait se dérouler une attaque terroriste sont les abords du canal d'Abbey-Gate. L'ambassadeur prend la décision de ne plus envoyer d'équipes sur place et prévient Paris qu'il faut surseoir aux opérations dans cette zone.

L'attentat

Aéroport de Kaboul, jeudi 26 août 2021

Le 26 août, à défaut de nous rendre au bord du canal, nos efforts se concentrent sur une seconde opération de récupération rendue possible grâce à notre inestimable flotte de bus.

Une vingtaine de bus est à nouveau engagée depuis 4 heures du matin pour transporter plus de 500 personnes, sous la houlette de l'incontournable Mahmood. Ce sera la dernière opération, quoi qu'il arrive, car notre départ est imminent. Les Américains vont plier bagage dans vingt-quatre heures et nous devons impérativement partir avant eux.

Mais les choses se compliquent : les Espagnols ont mis près de vingt-quatre heures à acheminer 4 bus. Les nôtres sont aux portes de l'aéroport ; cependant, un raidissement de la position des talibans rend incertaine l'issue de ce projet. Le temps passe et je n'entrevois chez les talibans aucun fléchissement qui nous permettrait d'espérer récupérer les 500 personnes avant la nuit.

Je tente en vain de discuter au téléphone avec un responsable taliban sur le check point à côté duquel se trouve Mahmood. Peine perdue, il ne veut rien entendre, la décision doit être prise plus haut, par un responsable plus important. Je pense alors à Abdul Rahman, le responsable taliban pragmatique que j'avais rencontré devant l'ambassade de France, le jour de notre incroyable exfiltration vers l'aéroport. J'avais essayé de le joindre quelques jours auparavant. Je n'avais pu lui parler, il était très occupé, affairé, m'avait-on dit à la sécurité du palais présidentiel.

C'était avant que n'éclate la polémique sur Nangialay, le taliban exfiltré, qui depuis deux jours occupe l'actualité en France. J'espère que l'information n'est pas arrivée jusqu'aux oreilles des talibans de Kaboul. Mais, après plusieurs tentatives infructueuses, quand je parviens enfin à joindre Abdul Rahman, la conversation tourne court. Il ne souhaite plus avoir de contact avec moi.

Il est bientôt 18 heures, la nuit tombe. Il faut se rendre à l'évidence : ce ne sera pas pour ce soir. Les 500 personnes vont probablement devoir passer la nuit à bord des bus et attendre une opportunité demain matin. Je marche vers ma chambre, perdu dans mes pensées, quand une déflagration déchire l'atmosphère et fait trembler les containers. Les sirènes se mettent à hurler, les haut-parleurs débitent laconiquement des messages d'alerte, rythmés par les rafales de tirs et les explosions sourdes qui se mêlent aux bruits des réacteurs des avions au décollage.

J'enfile calmement mon gilet pare-balles et ajuste mon casque lourd sur ma tête. Mes gestes sont lents et tous mes sens sont en éveil. Une odeur de fumée, de poudre consumée se mélange aux relents familiers de kérosène. Je rejoins le bunker, un tunnel étroit d'une vingtaine de mètres où tout le monde s'installe, les yeux rivés sur les téléphones, qui font entendre un concert de sonneries, de vibrations avant le silence et la confirmation d'un attentat à Abbey-Gate.

Les réseaux sociaux entrent en ébullition et, en quelques minutes, les images d'horreur défilent, des corps sans vie flottant dans les boues sombres du canal d'Abbey-Gate envahissent les écrans. Sur la rive, des lambeaux de vêtements multicolores s'étalent le long des rouleaux de fils barbelés, qui ne retiennent plus que les chairs de ceux qui ont forcé leur destin jusqu'à la mort.

C'est un carnage de près de 200 morts et d'autant de blessés. Des femmes et des enfants figurent parmi les nombreuses victimes de l'attentat, que l'État islamique du Khorasan, la branche régionale de Daech, s'empresse de revendiquer.

Les États-Unis paient un lourd tribut : 13 soldats américains sont tués dans l'explosion et 45 sont blessés. Les Américains étaient les seuls à rester présents autour du canal. Ils n'avaient pas le choix. Ils ne pouvaient abandonner leur position et compromettre la sécurité de toute la base. Ils ont fait le sacrifice suprême. Plus tard, nous apprenons qu'une jeune femme, membre du corps des Marines, fait partie des victimes. Tout le monde se souvient d'elle, de sa silhouette en treillis, fusil à la bretelle, qui arpentait les bords du canal et réconfortait les enfants. Nous avions tous été touchés par son attitude bienveillante et ses gestes attentionnés envers les plus vulnérables. Elle s'appelait Nicole Gee. Elle avait vingt-trois ans.

Américains et talibans se rejettent les responsabilités. Les rumeurs d'une autre attaque vont bon train, la panique s'étend autour de l'aéroport.

Nous devons annuler l'opération en cours et demander aux 500 personnes qui stationnent devant l'aéroport de partir au plus vite. Elles n'attendent pas notre message, la plupart ont fui dès l'explosion, les autres sont chassées par les talibans qui vident et verrouillent toute la zone, sonnant le glas des opérations d'évacuation.

Les délégations des ambassades s'activent et, sur le tarmac, les files s'organisent au pied des avions. Côté français, l'ordre de partir n'est pas donné, celui de rester non plus. Nous restons dans le flou, dans l'expectative d'une décision, jusqu'à la deuxième explosion, vers minuit, qui secoue nos installations. Les sirènes hurlent une nouvelle fois et nous renvoient aux abris, dans la confusion la plus totale des messages d'alerte qui annoncent successivement une nouvelle attaque, puis des tirs de roquette.

Le départ

Nuit du 27 août 2021

Cette fois, la messe est dite, l'ordre est donné à tous les personnels civils d'évacuer. Les militaires des forces spéciales, ceux du dispositif d'évacuation et de la mission de défense, restent sur place pour « fermer la boutique », comme on dit dans notre jargon. Ils doivent remballer toute la logistique, détruire les matériels et installations sensibles. Ils ont aussi pour mission d'évacuer les derniers réfugiés que la France va tenter de récupérer au cours des prochaines vingt-quatre heures, avant le départ du dernier soldat américain. Mais nous savons désormais que plus personne ne pourra rejoindre la zone, qui est entièrement bouclée par les talibans et les forces américaines.

Un avion transportant des réfugiés afghans doit décoller au milieu de la nuit à destination de la base aérienne française d'Al Dhafra, aux Émirats arabes unis. Nous sommes prévus à son bord et ne disposons que de quelques minutes pour rassembler nos affaires et nous diriger vers le point de regroupement.

Je jette en vrac quelques effets personnels dans mon sac à dos, j'attrape mon fusil d'assaut et je me dirige vers la sortie du complexe. Presque tous les personnels de l'ambassade y sont rassemblés autour de l'ambassadeur, qui fait un dernier point de situation avant le départ. On salue ceux qui restent, nos camarades militaires qui poursuivent leurs tâches sans sourciller. Je sais qu'ils vont nous suivre quelques heures plus tard, mais je ressens un léger malaise, le sentiment d'abandonner le terrain, de laisser les Afghans à leur sort. Je me raisonne, il est temps pour moi de lâcher prise et d'accepter de ne pas partir le dernier. D'autres sont là pour ça, ils en ont l'habitude, ils sont formés et aguerris à ce genre de manœuvre.

Je prends place dans la colonne qui se dirige en bon ordre vers le tarmac. Une douzaine d'avions de transport militaire arborent les couleurs de plusieurs nations et attendent, moteurs tournants. D'autres colonnes, similaires à la nôtre, progressent calmement dans la nuit, sous les projecteurs éblouissants, vers les soutes arrière des appareils. Nous rejoignons une colonne de réfugiés qui s'apprêtent à embarquer à bord de l'Hercules C130 de l'armée française. Ils nous dévisagent et certains lancent quelques mercis tandis que nous prenons place avec eux sur les banquettes ou à même le sol de la carlingue. Ils l'ignorent encore, mais ils ont été arrachés in extremis à la désolation et au malheur de la tragédie afghane.

Le vol jusqu'à Abou Dabi dure près de quatre heures et demie. Des passagers dorment, font des selfies, d'autres scrutent leur téléphone portable. Quelques enfants jouent dans cet avion militaire à l'espace plutôt réduit, mais leur insouciance nous fait oublier un instant les images de ces jours déchirants. Malgré une fatigue immense, je n'arrive pas à dormir, les événements se bousculent dans ma tête. Je suis partagé entre le soulagement et un goût amer d'inachevé.

Au petit matin, l'avion atterrit à Al Dhafra. La chaleur est étouffante, la température avoisine les 40 degrés Celsius et il n'y a pas le moindre souffle de vent. On nous dirige vers un immense hangar en tôle grise, heureusement climatisé. Des lits de camp y sont disposés en rangées rectilignes. Encore quelques heures d'attente avant de regagner la France, de très longues heures à patienter, à ressasser ce que nous venons de vivre. Il va falloir tuer le temps, sans réseau téléphonique ni Internet. Il n'y a rien à lire non plus.

Un autre appareil de transport militaire nous emmène. Confort spartiate assuré, mais qu'importent les douze longues heures de vol, nous rentrons enfin au pays, notre terre de liberté.

Mon téléphone ne sonne plus, ne vibre plus. Je fixe l'écran et l'application WhatsApp qui affiche le nombre 580. C'est celui des messages ou des appels auxquels je n'ai pu répondre, parmi les milliers qui me sont parvenus durant ces treize jours et treize nuits au milieu du chaos de Kaboul.

ÉPILOGUE

> « Toute action qui engage l'âme [...] aura pour épilogue un repentir ou un chagrin. Il faut y consentir. »
>
> René Char, *La bibliothèque est en feu*

Mercredi 1er septembre 2021. Voilà déjà trois jours que je suis rentré. Je peux enfin dormir, mais mes nuits restent fragiles et fragmentées – je me réveille toujours en sursaut, le cœur battant.

Assis dans le jardin, je finis de boire un café brûlant en regardant l'aube se lever. Les fleurs, l'herbe se parent de rosée, les senteurs se font plus intenses. C'est un matin presque ordinaire. Un sentiment de paix et de tristesse mêlées m'enveloppe. Malgré les éloges, les nombreux messages de réconfort et de sympathie que je reçois depuis mon retour, je me sens loin, détaché – une partie de moi semble s'être arrêtée ou égarée sur la rive du canal d'Abbey-Gate. Les images de ces derniers jours ne cessent de défiler dans mon esprit, comme si je manquais encore et toujours quelque chose. Comme si je manquais quelqu'un, qui continue de me chercher.

Sur Twitter, une photo de moi circule. On m'y voit

tirer une femme des eaux du canal à quelques mètres de l'endroit où s'est produit l'attentat d'Abbey-Gate. Postée d'abord par une journaliste de l'AFP puis par David Martinon, elle a été relayée des milliers de fois et suscite le plus souvent des réactions bienveillantes. Ce tweet vaut à l'ambassadeur des critiques. Il ne pensait qu'à me rendre hommage, au terme de cette dernière mission. Sur le réseau social, les fâcheux y vont aussi de leurs commentaires acrimonieux. Qu'importe, le symbole de cette photo est beau.

Je regarde les dernières nouvelles d'Afghanistan, lis quelques dépêches et fils d'actualité. Le temps passe. Il est déjà l'heure de prendre le chemin de mon ancien bureau, au ministère de l'Intérieur. C'est le dernier jour de ma carrière – l'ultime chapitre qui s'achève.

Sur le quai de la nouvelle gare rutilante de la ville, je retrouve les affres du voyage en RER, toujours en retard, toujours bondé, toujours sale. Je m'offre le luxe de laisser passer quelques trains. Je serai en retard, et après ? Personne ne m'attend. Je n'ai plus de bureau, plus de dossier en souffrance – seulement quelques papiers à remplir. Je me demande comment je vais occuper le reste de cette longue journée.

Une heure plus tard, j'arrive dans la rue des Trois-Fontanot, à Nanterre, où siègent les grandes Directions de la police judiciaire et de la coopération internationale de sécurité. Je reconnais des visages familiers, aux mêmes endroits, aux mêmes heures, avec les mêmes postures et expressions – devant un café tiède ou fumant une cigarette sous les arches tristes des immeubles. Rien ne semble avoir changé en cinq ans. Seuls les tempes grisonnantes, les traits fatigués et les ridules nouvelles témoignent du passage du temps.

J'entre dans l'immeuble de ma direction, celle des

relations internationales. Quand j'en sortirai ce soir, j'aurai définitivement quitté la police nationale après quarante années de carrière.

Depuis la diffusion de la photo et du tweet de l'AFP, la presse me sollicite. Le matin même, un article sur le site de Franceinfo a dressé mon portrait et raconté comment nous avons exfiltré des Afghans dans des conditions extrêmes. L'article a fait le tour des réseaux sociaux et des rédactions, qui découvrent cet « inconnu » qui a « négocié seul avec les talibans », et par ses actions « sauvé des centaines de vies ».

C'est avec cette notoriété nouvelle que j'arrive dans mon service. On me salue chaleureusement, on me donne l'accolade. Certains collègues me félicitent pour mes actions, me serrent la main avec émotion. Tous semblent avoir lu l'article de Franceinfo, qui suscite commentaires admiratifs et regards fervents.

J'apprends que la majorité de mes collègues ont suivi minute par minute nos opérations, qu'ils connaissent déjà toute l'histoire, qu'ils ont tremblé pour nous, avec nous, quand nous étions livrés à nous-mêmes.

Je suis touché par ces marques d'estime et d'amitié, mais ne peux m'empêcher de me sentir ailleurs, comme si j'observais tout cela de l'extérieur. Comme si une autre vie m'appelait déjà.

C'est presque irréel de finir ma carrière, ma vie de policier ici, dans un bureau sans âme – après ces dernières semaines dans le tumulte et le fracas des armes. Je sais le réconfort de ces regards, je sais les honneurs, je sais la gloire éphémère. Je sais aussi que, après avoir passé une dernière fois la grande porte de la « grande maison », je rembobinerai encore le fil de l'histoire. Mon parcours semé d'embûches, ces pièges qui m'ont poussé à aller de l'avant, toujours, sans jamais plier, sans jamais tor. Je suis là où je voulais être, c'est ma réponse au destin qui, un soir de mars 1980, m'a placé au bord un abîme où ma vie a failli basculer. Ironie du destin qu'il continué de s'écrire jusque dans les rêves de mes dernières nuits : c'est sur les bords d'un autre abîme, les rives d'un canal à Kaboul, que mon histoire achevée.

Entre le 17 et 28 août 2021, depuis l'aéroport de Kaboul, la France a évacué 2 805 personnes : 1 005 enfants, 851 femmes et 949 hommes.

Aéroport de Kaboul, canal d'Abbey-Gate, le 25 août 2021.
Le commandant Mohamed Bida tire par le bras
une femme afghane pour la faire évacuer

Entre le 17 et 28 août 2021, depuis l'aéroport de Kaboul, la France a évacué 2 805 personnes : 1 005 enfants, 851 femmes et 949 hommes.

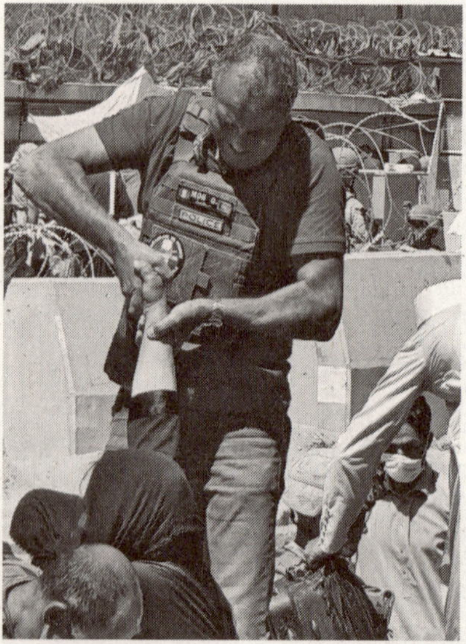

Aéroport de Kaboul, canal d'Abbey-Gate, le 25 août 2021.
Le commandant Mohamed Bida tire par le bras
une femme afghane pour la faire évacuer

Table

RÉALISATION : NORD COMPO À VILLENEUVE-D'ASCQ
IMPRESSION : NOVOPRINT EN SLOVAQUIE
DÉPÔT LÉGAL : AOÛT 2025. N° 153659
IMPRIMÉ EN SLOVAQUIE